TRAITÉ

DES

CONTRATS PAR CORRESPONDANCE

PAR

Arthur GIRAULT

AVOCAT, DOCTEUR EN DROIT

OUVRAGE COURONNÉ PAR LA FACULTÉ DE DROIT DE POITIERS
Concours de Doctorat, 1888 — première médaille d'or

ET

PAR L'ACADÉMIE DE LÉGISLATION DE TOULOUSE
(Prix du Ministre de l'Instruction publique, 1889)

PARIS

L. LAROSE ET FORCEL

LIBRAIRES-ÉDITEURS

22, RUE SOUFFLOT, 22

1890

TRAITÉ

DES

CONTRATS PAR CORRESPONDANCE

TRAITÉ

DES

CONTRATS PAR CORRESPONDANCE

PAR

Arthur GIRAULT

AVOCAT, DOCTEUR EN DROIT

OUVRAGE COURONNÉ PAR LA FACULTÉ DE DROIT DE POITIERS
Concours de Doctorat, 1888 — première médaille d'or

ET

PAR L'ACADÉMIE DE LÉGISLATION DE TOULOUSE
(Prix du Ministre de l'Instruction publique, 1889)

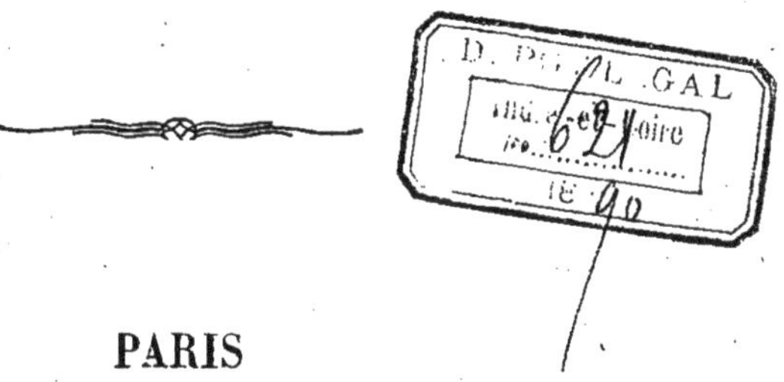

PARIS

L. LAROSE ET FORCEL

LIBRAIRES-ÉDITEURS

22, RUE SOUFFLOT, 22

1890

Fête de Cujas du 27 avril 1890

EXTRAIT DU RAPPORT

DE

M. Edmond DELQUIÉ

PRÉSIDENT DE L'ACADÉMIE DE LÉGISLATION DE TOULOUSE

SUR LE CONCOURS DU PRIX DU MINISTRE [1]

Le mémoire débute par une introduction en plusieurs pages bien pensées, bien écrites, où l'auteur indique, à grands traits, les principes de la matière et où, condensant en quelques mots ses théories, il s'écrie après un court historique :

« Bien différents sont les principes du droit moderne ;
« le formalisme romain et le symbolisme germanique
« ont également disparu ; le droit, jadis matérialisé

[1] La Commission était composée de MM. *Delquié*, conseiller à la Cour, président de l'Académie ; *Bauby*, docteur en droit et juge au tribunal de première instance ; *Henri Duméril*, docteur en droit et professeur à la Faculté des lettres ; *Antonin Deloume*, professeur à la Faculté de droit et secrétaire perpétuel de l'Académie de législation ; *Frézouls*, président de Chambre à la Cour d'appel ; *Paget*, doyen de la Faculté de droit ; *Viguier*, conseiller à la Cour d'appel.

« dans des formes inflexibles, a été aujourd'hui *spiri-*
« *tualisé,* suivant l'heureuse expression de Michelet ;
« la convention naît du seul accord des volontés (ar-
« ticle 1134 du Code civil). Qu'importe, dès lors, l'ab-
« sence des parties si, par un moyen quelconque, elles
« parviennent à échanger leur consentemeut : le contrat
« sera dès lors formé : une lettre ou un télégramme
« aura suffi. »

Le plan est simple comme l'œuvre elle-même et
conçu avec une extrême clarté : réel mérite, surtout
pour une matière qui était vraiment épineuse et dont
M. de Savigny a pu dire avec autorité :

« Au sujet des contrats conclus entre des personnes
« absentes s'élèvent des doutes et des difficultés par-
« ticulières qui ne se présentent pas à la pensée dans
« les autres cas de manifestation de volonté. »

La première partie, divisée en quatre chapitres,
est consacrée à l'étude des principes généraux qui régissent les contrats par correspondance, considérés en
eux-mêmes et aussi à leur histoire dans le Droit romain,
et dans le vieux Droit français. — Dans quelle mesure
était-il possible autrefois de contracter par correspondance ? Quelle est la situation actuelle, soit au point
de vue commercial, soit au regard du Droit civil ? —

Quels sont, sous l'empire de nos Codes, les contrats qui ne sont pas susceptibles d'être formés par correspondance? Dans ceux des contrats qui sont licites sous cette forme, à quel moment précis et par quel concours de circonstances la convention devient-elle parfaite entre les parties? Grave controverse, qui a divisé les docteurs; difficulté sérieuse, qui a donné lieu aux systèmes les plus divergents. « Ce n'est point là, d'ailleurs, « dit l'auteur du mémoire en son sobre langage, une de « ces questions qui, nées de l'obscurité d'un texte, ont « été démesurément grossies par la subtilité des juris- « consultes. C'est la nature abstraite et philosophique « du consentement, laquelle est la même partout, qui « est en jeu. »

Plusieurs opinions se sont produites : les uns exigent le concours connu des volontés du pollicitant et de l'acceptant. D'après eux, le contrat ne deviendra parfait que lorsque celui qui a fait l'offre aura pris connaissance de la lettre d'acceptation de son offre elle-même; en doctrine cette théorie est dénommée : système de l'*information* ou système de la *recognition* ou encore système de la *rescision*. C'est la théorie qui a été législativement établie en Autriche et dans la République Argentine, et qui a prévalu longtemps dans la jurisprudence française.

Les autres prétendent, au contraire, avec Savigny en Allemagne, avec Serafini en Italie, avec Demolombe, Aubry et Rau en France, que le simple fait de la coexistence des deux volontés identiques de l'offrant et de l'acceptant suffit à la perfection du contrat par correspondance et que le lien obligatoire est formé dès qu'il y a eu concours des deux volontés, même a l'insu d'un des contractants. On a donné à cette théorie particulière le nom classique de système de la *déclaration* ou de l'*agnition*; et ici même les Docteurs vont encore se divisant.

Ceux-ci soutiennent que le contrat existe dès le moment psychologique où l'acceptant, ayant connu les offres du pollicitant, les a mentalement agréées et rédige sa lettre ou son avis d'acceptation : c'est là, et dans toute sa rigueur, le système de la *déclaration proprement dite.*

D'autres affirment, au contraire, que le contrat par correspondance ne naîtra qu'au moment où l'acceptant aura écrit sa lettre d'acceptation et s'en sera dessaisi; c'est là le système dit de l'*expédition*, qui a été expressément consacré par l'article 321 du Code de commerce de l'Empire allemand.

Enfin, quelques-uns plus exigeants veulent que le

lien de droit ne naisse qu'au moment où la lettre d'acceptation est matériellement arrivée aux mains de l'offrant ; c'est là le système qu'on nomme théorie de la *réception*.

L'auteur eût été incomplet, et il n'en a garde, s'il n'eût aussi mentionné les thèses germaniques, et il déduit savamment ici celles des professeurs Bluhme et Windscheid, là celle du docteur Albert Kœppen, dont la langue et la science lui sont familières.

Pour me borner, et j'en ai bien des raisons, aux choses françaises, j'omets toute cette partie du remarquable mémoire de notre érudit lauréat, qu'il suffit d'indiquer ; et je me plais à constater avec quelle parfaite compétence et quelle exactitude de terminologie juridique, il a mis en lumière ces thèses ardues de la solution diverse desquelles s'induisent tant de conséquences fécondes et qui modifient fondamentalement, suivant la réponse, l'heure et le lieu de la perfection de ce contrat entre absents et la compétence du juge.

Qu'il me suffise de dire que le rédacteur du mémoire se rattache en ce qui le concerne et sous certaines précisions, au système dit de l'*expédition* selon lequel le contrat est considéré comme parfait dès que l'acceptant est dessaisi de la lettre où de l'avis qui contient son acceptation de l'offre.

L'auteur recherche ensuite en quoi peuvent influer sur l'existence du contrat par correspondance certains faits concomitants ou postérieurs, tels que le silence gardé par l'une des parties, la révocation de l'offre, le retrait de l'acceptation, la mort de l'un des contractants, la perte de la capacité juridique, etc. — Et, désireux d'être aussi complet que possible, à côté des théories françaises, il expose, sur certains de ces points, les doctrines de Bekker, d'Ihering, de Vangerow, de Regelsberger, etc., et explique en quoi elles diffèrent. Il se préoccupe encore du cas où deux offres viennent à se croiser.

Ne limitant pas son examen des contrats par correspondance au sol français, il met en lumière, avec une grande justesse de principes et un vrai bonheur d'expressions, tout l'intérêt de ces controverses au point de vue des relations commerciales extérieures, et du Droit international privé. Il est sensible, en effet, que selon que le contrat sera réputé parfait au domicile de l'offrant ou au domicile de l'acceptant, supposés l'un et l'autre de nationalités diverses, ce sera à défaut de réserves formelles et spéciales, ou la loi de celui qui a fait l'offre, ou le statut de celui qui l'a agréée, qui devra régir le contrat : il est facile de déduire les conséquences judiciaires, et il n'est certes pas indifférent pour un négociant français, expéditeur de marchandises sur la Californie, de plaider, s'il y échoit, au Havre ou à San-Francisco. Cette partie du mémoire est vraiment excellente et mérite tous les éloges.

Avec là lettre de change s'ouvrait pour l'érudit docteur tout un ordre de difficultés nouvelles et de questions d'une haute utilité commerciale. L'*aval* peut-il être donné par lettre missive? En quelle forme? De quelle façon? Comment faire connaître aux tiers ce cautionnement, qui ne fait point corps avec la traite elle-même? L'*acceptation* peut-elle être valablement fournie par une lettre missive? Quelles en seront les conséquences? Points tous intéressants, qui ont divisé la doctrine et la jurisprudence, et à l'occasion desquels l'auteur expose, avec une grande lucidité, son sentiment personnel.

Enfin, et ne négligeant rien dans cette première division de ce qui se rattache à son sujet, le jeune lauréat se préoccupe dans un dernier chapitre des cas où le contrat formé par voie de correspondance doit être soumis à la transcription pour devenir opposable aux tiers, en conformité de là loi du 23 mars 1855.

La seconde partie de l'œuvre a été consacrée à l'examen des difficultés spéciales que peut présenter cette nature de contrats *selon le mode de correspondance* employé : de là trois sections, dont la première est consacrée aux lettres missives, ce qui amène l'auteur à spécifier les principes sur la propriété et l'inviolabilité du secret des lettres privées, sur les conditions de leur production en justice, sur leur force probante, sur les preuves mêmes de l'existence d'une correspondance écrite et encore sur les cartes télégrammes de récente invention postale, grâce aux tubes pneumatiques et aux décrets du 25 janvier 1879 et du 14 novembre 1884 ; il n'oublie rien, ni les arrêts de doctrine, ni les procès célèbres, ni Benjamin Constant et madame Récamier, ni l'abbé Perreyve et les lettres de Lacordaire.

La seconde section est afférente aux *télégrammes proprement dits*, et ici se présentaient à l'esprit exact et judicieux de notre lauréat ces deux caractères essentiels de la correspondance télégraphique privée qui peuvent rendre parfois la justice anxieuse au point de vue de l'autorité de la preuve, à savoir : 1° que les télégrammes remis au destinataire ne sont ni écrits, ni signés de la main même de l'expéditeur ; 2° que, par suite d'erreurs ou d'accidents, la dépêche télégraphique reçue par le destinataire peut ne pas être exactement conforme au texte remis par l'expéditeur. Que de progrès accomplis depuis la loi du 9 novembre 1850 et le décret du 27 décembre 1851, malgré l'irresponsabilité absolue de l'État pour les erreurs de transmissions, disposition législative qui est l'objet des critiques de notre lauréat ; il examine ensuite lequel, de l'expéditeur ou du destinataire, doit supporter en définitif le préjudice résultant d'une erreur dans la transmission télégraphique et recherche si, à défaut de l'État déclaré irresponsable par la loi, la victime du dommage n'a pas un recours personnel contre les employés du télégraphe et comment, devant quelle juridiction, ce recours peut être exercé ? Et tout cela sans préjudice de toutes les questions relatives à l'heure et au lieu de la formation du contrat par correspondance télégraphique, véritable contrat entre absents.

La *correspondance téléphonique privée* est l'objet d'une troisième section qu'il suffirait d'indiquer si, pour exposer cette matière encore si peu étudiée dans la bibliographie juridique, le lauréat de Poitiers n'avait pas eu précisément recours aux annales mêmes de l'Académie de législation. C'est là qu'il a trouvé une remarquable étude, dont j'ai bien ici le droit de nommer le savant auteur, notre distingué confrère, M. Georges Vidal, hier encore lauréat de l'Institut, en redisant avec lui : « Le téléphone a tout l'avantage « d'une conversation, supprime toute distance et « rend présentes l'une à l'autre par l'ouïe deux per- « sonnes éloignées, etc. »

Par suite, plus de difficultés juridiques pour savoir à quel moment le contrat par ce nouveau mode de correspondance sera parfait : il ne peut en exister, en effet, puisque l'offre et la réponse se succèdent instantanément ; mais restent les divergences relatives au lieu où est formé le contrat : est-ce au domicile de l'offrant ou au domicile de l'acceptant ? Quel sera le tribunal compétent? Quelle sera, au cas de nationalités diverses, la législation qui devra régir le contrat ainsi stipulé entre les parties, présentes par l'esprit et la voix, mais réellement absentes de corps et souvent à de grandes distances territoriales, *inter præsentes et absentes* : toutes questions pleines de vie et de nouveauté et qui n'échappent pas à la plume sagace et exercée du rédacteur de ce mémoire nourri de la moelle de la doctrine et de la jurisprudence.

Enfin, et comme pour ajouter un dernier mérite à son œuvre, l'auteur la termine par un appendice intéressant, dans lequel il compare les contrats par correspondance avec les contrats par messagers et les contrats par mandataires.

Est-il utile d'ajouter que notre lauréat, familiarisé avec les textes des législations étrangères et avec les écrits de l'Italie, de l'Allemagne, de la Belgique, de la Suisse, etc., les cite avec abondance et richesse, les discute avec convenance et sait toujours en tirer un excellent profit; il indique avec conscience les sources auxquelles il a puisé ; il analyse les arrêts et signale avec regret le mutisme de nos Codes qui ne contiennent sur la plupart de ces difficultés doctrinales et pratiques aucun texte et aucune solution.

Nous avons été à cet égard devancés par les législations étrangères ; il faut bien le reconnaître! Le lauréat de Poitiers mentionne notamment les dispositions du *Code fédéral suisse des obligations* de 1881 (art. 5 à 8) et celles du Code de commerce de l'Empire allemand (art. 319 à 323); et, indiquant ses préférences, il considérerait comme la meilleure réglementation des contrats par correspondance, la naturalisation, si je puis ainsi parler, des décisions du Code fédéral suisse.

Écrit en un style juridique net et sage, d'une plume claire et précise, ce mémoire devait tout naturellement solliciter à un haut degré l'attention de l'Académie : il faut ajouter bien peu à ce travail pour qu'il devienne une monographie nécessaire ; l'afflux de la jurisprudence prochaine et la mention dans un dernier appendice du texte même des lois postales internationales lui donneraient, au besoin, ce complément d'utilité pratique qui aide à la consécration définitive des œuvres de Droit et est comme leur mise en action. Cet écrit arrive à propos et à l'heure où notre siècle a, disons-le bien haut, réalisé, par le traité de Berne du 9 octobre 1874 et par les Congrès postaux de Paris (1878) et de Lisbonne (1885), *cette union postale universelle* qui eût jadis paru un rêve chimérique, et ce *mouvement international des dépêches télégraphiques*, plus imprévu encore autrefois, qui a été réglé par les traités de Paris du 17 mai 1856, de Saint-Pétersbourg des 1022 juillet 1875 et de Berlin du 17 septembre 1885, ainsi que par de nombreuses lois spéciales, utiles à mentionner et à connaître.

J'aurais pu, j'aurais dû peut-être suivre l'auteur à

travers ses discussions lumineuses qui ne le lassent jamais ; en fournir un aperçu plus complet ; exprimer au besoin et bien rarement quelques réserves, et justifier ainsi plus encore la légitimité de la haute récompense que lui a accordée, par ses suffrages unanimes et au nom de M. le ministre de l'instruction publique, l'Académie de législation ; et, cependant, j'ai cru qu'il n'était pas utile de pousser plus avant cette analyse.

.   .   .   .

Je dois donc me borner à conclure et à proclamer que l'Académie de législation a accordé la grande médaille d'or du concours ouvert pour l'année 1889 entre les lauréats du doctorat, prix du ministre de l'instruction publique, à M. Girault (Joseph-Arthur), né le 2 mai 1865, à Neuville (Vienne), avocat et docteur en droit.

TRAITÉ

DES

CONTRATS PAR CORRESPONDANCE

INTRODUCTION

1. — « Au sujet des contrats conclus entre personnes absentes, dit M. de Savigny [1], s'élèvent des doutes et des difficultés particulières qui ne se présentent pas à la pensée dans les autres cas de manifestation de volonté. » Ce sont « ces doutes et ces difficultés particulières » dont la Faculté de droit de Poitiers a proposé l'étude, en choisissant comme matière du concours de doctorat pour l'année 1888 *les Contrats par correspondance*.

La nouveauté relative du sujet nous avait d'abord tenté. Parmi les questions qui se rattachent à notre Droit civil, il en est bien peu qui n'aient déjà fait l'objet de monographies nombreuses après lesquelles

---

[1] *Le droit des obligations*, § 71. Traduction Gérardin et Jozon. t. II, p. 342.

il ne reste plus rien à dire. Or, c'est un travail aussi inutile à la science qu'à son auteur que celui qui consiste à compiler des travaux antérieurs et à en reproduire la substance dans une composition dont la seule originalité réside dans la citation des arrêts les plus récents. . .

La matière des « Contrats par correspondance » nous avait semblé dès l'abord échapper à cet inconvénient. La seule monographie un peu complète sur le sujet est un travail de M. Darquer, publié à Paris en 1885 [1]. La plupart des matériaux se trouvent isolés dans des ouvrages dont la diversité d'objets nous paraissait devoir assurer la variété des points de vue. Enfin, nous espérions que les grandes découvertes scientifiques de notre siècle, auxquelles on doit le télégraphe électrique et le téléphone, ouvriraient à nos recherches un champ encore à peu près inexploré.

2. — Notre attente n'a pas été trompée. Mais, à mesure que nous avancions plus profondément dans notre travail, une autre idée germait dans notre esprit. La nouveauté de la matière n'avait pas été le seul motif, ni même le motif dominant, qui avait guidé la Faculté de droit de Poitiers dans son choix.

[1] Un mémoire de doctorat sur les contrats par correspondance a été couronné en 1887 par la Faculté de droit de Montpellier ; mais il n'a pas été publié. Voir sur ce travail le rapport de M. de Belcastel, président de l'Académie de législation de Toulouse (*Recueil de l'Académie*, 1889, *Fête de Cujas*, p. LII et suiv.).

Une étude approfondie des contrats par correspondance est, en effet, éminemment propre à développer l'esprit scientifique, à parfaire cette *éducation juridique* dont M. de Ihering dit quelque part que « c'est elle qui, plus que la masse des connaissances, fait la valeur du jurisconsulte et le distingue de l'homme du monde [1] ». A ce point de vue, notre sujet offre un caractère particulier d'intérêt. Nous voudrions en rechercher les causes dans cette introduction.

3. — Toute la matière des contrats par correspondance est dominée par une grosse question, féconde en intérêts, et qui sera longuement étudiée plus loin. A quel moment la convention conclue entre absents reçoit-elle sa perfection? Or cette difficulté n'est pas une simple controverse issue de l'obscurité d'un texte, un résultat accidentel de notre législation. Elle a pris naissance parce que la notion même du consentement n'a pas été comprise de la même façon par tous, et, pour la résoudre, il faut soumettre l'idée première de consentement à une analyse aussi abstraite que délicate. Or, quoi de plus intéressant pour le jurisconsulte que l'étude du consentement, c'est-à-dire de la volonté libre de l'individu? La théorie du consentement! Mais elle domine la science du Droit toute entière. Suppri-

---

[1] *L'Esprit du Droit romain*, t. III, p. 7 (trad. Meulenœre).

mez par la pensée le consentement, et il ne restera du Droit que des lois d'organisation et de procédure dont la connaissance méritera à peine le nom de science.

Une controverse qui met en jeu la théorie du consentement est donc particulièrement intéressante ; et, comme le consentement est de même nature chez tous les hommes, il en résulte que cet intérêt n'est pas limité à telle ou telle législation, mais est, au contraire, absolument général. Cette question, à l'examen de laquelle environ la moitié de ce travail sera consacrée, est discutée non seulement en France mais encore à l'étranger où elle a été l'objet de travaux nombreux, surtout en Allemagne.

4. — Mais, si importante qu'elle soit, cette difficulté n'est pas la seule que soulèvent les contrats par correspondance. Cette matière confine à bien d'autres. C'est ainsi que, dans notre chapitre I, nous aurons à discuter plusieurs controverses qui s'élèvent en matière d'hypothèque et de lettre de change. Notre chapitre IV sera consacré entièrement à une question de transcription. Ailleurs nous traiterons une question de preuve ; ailleurs une question de risques et de responsabilité. Et ce ne sont pas seulement des points de Droit civil que nous aurons à examiner. Les contrats par correspondance touchent par plus d'un

côté au Droit commercial, au Droit international privé, et même au Droit administratif. Or, ce n'est pas un des moindres profits de cette étude que cette variété des questions et des points de vue qui oblige à analyser et à concilier ensemble des principes empruntés aux branches les plus diverses de la science du Droit, et qui empêche ainsi l'esprit de s'isoler et de se restreindre dans l'étude d'un sujet unique, ne sortant pas d'un ordre d'idées particulier.

5. — A ces deux considérations qui rendent cette étude particulièrement intéressante, — à savoir : l'importance exceptionnelle d'une difficulté fondamentale, et la diversité des questions et des points de vue, — il convient d'en ajouter une troisième : l'intérêt pratique toujours croissant de la matière. Par là s'impose tout particulièrement la nécessité de donner sur chaque point une solution en harmonie avec les besoins quotidiens de la vie civile. L'intelligence, sans cesse ramenée vers les nécessités de la pratique, perd ainsi sa tendance naturelle à s'égarer dans des discussions purement théoriques.

6. — Pourquoi donc les contrats par correspondance, relativement rares en Droit romain et dans notre ancien Droit, deviennent-ils aujourd'hui de plus en plus nombreux ? Ce résultat tient à des causes

multiples, les unes d'ordre juridique, les autres d'ordre économique, sur lesquelles il nous faut insister quelque peu.

La première — d'ordre juridique — est la disparition du symbolisme et du formalisme primitifs. A l'origine, la seule volonté était impuissante à créer un lien de droit. Pour devenir obligatoire, le consentement devait être accompagné, soit de l'accomplissement de certains actes symboliques, soit de la prononciation de certaines paroles solennelles, quelquefois même de ces deux sortes de formalités réunies. L'accomplissement de ces rites et de ces solennités exigeait la présence des parties. Impossible donc aux absents de les remplir. Il n'y avait pas de place dans la coutume primitive pour les contrats par correspondance.

Mais bien différents sont les principes du Droit moderne. Le formalisme romain et le symbolisme germanique ont également disparu. Le Droit, autrefois matérialisé dans des formes inflexibles, a été aujourd'hui *spiritualisé* [1]. La convention obligatoire naît du seul accord des volontés. Qu'importe dès lors l'absence

---

[1] Voir sur cette transformation les belles pages de Michelet dans l'introduction de ses *Origines du Droit français*, p. CIX et suiv. Partout à l'origine, le Droit nous apparaît entouré de poétiques symboles. Rome commence la transformation, et de symbole en formule, de formule en langage vulgaire, conduisit le Droit à la clarté, à l'équité. Le génie de notre race, essentiellement prosaïque et critique à l'encontre du génie germanique, acheva l'œuvre du Droit romain.

des parties, si, par un moyen quelconque, elles parviennent à échanger leur consentement? Le contrat sera dès lors formé. Une lettre ou un télégramme aura suffi.

Par quelle série de transformations successives s'est opéré ce passage du principe primitif à un principe absolument contraire? Nous essayerons plus loin d'exquisser cette évolution. Il suffit, pour mesurer le chemin parcouru, de songer que notre loi n'a même pas eu besoin de prévoir expressément les contrats par correspondance pour les permettre.

7. — Une seconde cause — d'ordre économique, celle-là — a favorisé la multiplication des contrats par correspondance. C'est la disparition presque complète des grandes foires. Dans notre ancienne France, les foires de Lyon, de Beaucaire, de Rouen, de Champagne et de Brie, notamment, duraient plusieurs semaines, souvent même plusieurs mois, et étaient très fréquentées. Aussi, les marchands, et même les autres personnes, attendaient la foire. Là, tous se rencontraient et traitaient leurs affaires de vive voix. Cela évitait la peine de faire des lettres à des gens dont beaucoup ne savaient pas écrire. Les personnes pressées, qui n'auraient pas voulu attendre la foire, n'étaient même pas toujours libres de prendre les devants : des règlements sévères, qui ordon-

naient à certains marchands de venir aux foires, leur défendaient en même temps de vendre leurs produits avant de les avoir menés à la foire[1]. La disparition progressive des foires, en diminuant les occasions de rencontre, a multiplié par contre-coup les contrats entre absents.

8. — D'un autre côté, à mesure que les foires devenaient plus rares et moins suivies, le commerce — et surtout le commerce international — prenait un développement inconnu jusque-là. La coïncidence de ces deux phénomènes économiques n'a d'ailleurs rien d'étonnant, s'il est vrai, comme le prétend Turgot, qu'il n'y a de grandes foires que dans les pays où le commerce est languissant[2]. Or les commerçants

---

[1] Lettres patentes de Philippe de Valois du 6 août 1349 relatives aux foires de Champagne et de Brie, art. 6 : « Les drapiers et les marchands des dix-sept villes, *qui sont tenus de venir aux foires*, y feront conduire leurs draps comme auparavant. *Ils ne les pourront vendre en gros ni en détail, pour les transporter hors du royaume, avant qu'ils aient été amenés aux foires*, et ce sous peine de confiscation. » Ces dispositions se trouvent généralement reproduites dans les lettres patentes postérieures qui créent de nouvelles foires ailleurs (Voir le *Répertoire* de Guyot, v° *Foire*, t. VII, p. 436, édition de 1784).

[2] « Concluons, dit Turgot en terminant l'article très remarquable publié par lui dans l'Encyclopédie sur les *Foires et marchés*, que les grandes foires ne sont jamais aussi utiles que la gêne qu'elles supposent est nuisible, et que, bien loin d'être la preuve de l'état florissant du commerce, elles ne peuvent exister au contraire que dans des états où le commerce est gêné, surchargé de droits et par conséquent médiocre » (*Œuvres* de Turgot publiées dans la *Collection des principaux économistes*, t. I — t. IV de la Collection — p. 298).

sont les gens qui contractent le plus par correspondance, parce qu'ils sont simultanément en relation d'affaires avec des personnes habitant des lieux fort différents [1]. Cette remarque est surtout vraie du commerce international. Le commerçant de Paris et celui de New-York, qui échangent tous les ans de nombreuses lettres d'affaires, ne se verront peut-être jamais, et, parmi tous les contrats intervenus entre eux, il n'y en aura peut-être pas un seul formé *inter præsentes*.

9. — A ces trois causes — disparition du formalisme, disparition des grandes foires, développement du commerce et des relations internationales — il faut en ajouter une quatrième, l'extension de la correspondance elle-même. Cette augmentation toujours croissante du nombre des lettres et des télégrammes a elle-même pour motifs: le perfectionnement des moyens de transport et le développement du réseau télégraphique, les progrès de l'instruction primaire, la substitution d'une taxe uniforme au système des zones et l'abaissement du tarif [2], d'utiles améliorations dans le service, les conventions internationales qui

---

[1] « L'histoire du commerce est l'histoire de la communication des hommes, » disait Portalis au corps législatif, le 4 ventôse an XI (Locré, t. I, p. 581).

[2] Loi du 24 août 1848 et loi du 6 avril 1878. Cpr. Ducrocq, *Cours de Droit administratif* (6ᵉ édition), t. II, nº 1317.

ont organisé l'*Union postale universelle* (Paris, 1878 ;
Lisbonne, 1885) et celles qui ont réglementé le service de la télégraphie privée internationale (Saint-
Pétersbourg, 1875 ; Londres, 1879 ; Berlin 1885),
etc. La statistique suivante, publiée par le *Journal
Officiel* [1], montre bien — pour la France, du moins —
cet accroissement incessant de la correspondance.

*Nombre total d'objets de correspodance de toute
nature circulant en France par habitant :*

En 1877.	22. 80
En 1883.	35. 18
En 1886.	39. 51

*Nombre de lettres, cartes postales, etc. (moins les
journaux et imprimés) circulant en France par
habitant :*

En 1877.	12. 21
En 1883.	18. 16
En 1886.	18. 05 [2]

[1] Supplément au *Journal officiel* du 18 mars 1888 (Chambre des députés, annexe 2237, Session extraordinaire de 1887, p. 817).

[2] Cette diminution n'est qu'apparente : elle provient de ce que le recensement de 1886 accuse un accroissement de population sur le recensement précédent.

*Nombre de télégrammes taxés ou distribués en
France, par 100 habitants :*

En 1877. . . . . 24. 83
En 1883. . . . . 67. 62
En 1886. . . . . 78. 24.

Encore convient-il de remarquer, d'une part que
cette statistique laisse de côté la correspondance téléphonique, chaque jour plus importante, et d'autre part
que la France n'est pas le pays d'Europe où la circulation postale et télégraphique est la plus intense[1].

---

10. — Il nous reste, pour terminer cette introduction, à indiquer le plan de ce travail et à citer nos
sources.

Nous avons divisé cette étude en deux parties.

Une première partie est consacrée à l'examen des
difficultés générales que soulèvent les contrats par
correspondance considérés en eux-mêmes.

Le chapitre I traite du point de savoir dans quelle
mesure il a été autrefois, et il est aujourd'hui possible de contracter par correspondance.

[1] En 1885, le nombre de lettres et cartes postales circulant *par
habitant* a été de : 17 en France, 20 en Allemagne, 26 en Suisse,
43 dans la Grande-Bretagne. Par contre, il n'a été que de 10 en
Autriche-Hongrie, de 7 en Italie, et de 1 en Russie (Extrait de la
Statistique du bureau international de Berne).

Deux longs chapitres sont ensuite consacrés à l'étude de la formation des contrats par correspondance. Là se place la question de savoir à quel moment la convention devient parfaite entre les parties. Nous examinerons en détail les intérêts que présente cette grosse controverse et les différents systèmes qui ont été proposés pour la résoudre.

Enfin, un chapitre IV prévoit le cas où le contrat ainsi formé est un de ceux qui sont soumis à la transcription pour devenir opposables aux tiers.

La seconde partie est réservée à l'examen des difficultés particulières que peut faire naître chacun des différents moyens de correspondre. Elle est divisée tout naturellement en trois chapitres consacrés : le premier à la correspondance postale, le second à la correspondance télégraphique, le troisième à la correspondance téléphonique.

Enfin, dans un appendice, nous comparerons le contrat par correspondance avec le contrat passé par un intermédiaire (messager, mandataire ou gérant d'affaires).

11. — A raison de la diversité même de ces questions, les sources auxquelles nous avons puisé sont très nombreuses, et surtout très variées. Peu d'entre elles embrassent l'universalité de la matière. D'un chapitre à l'autre, elles changent presque complète-

ment. Aussi n'en entreprendrons-nous pas ici l'énumération. Elles seront indiquées dans le courant de ce travail au fur et à mesure que l'occasion s'en présentera. Parmi celles auxquelles nous avons eu le plus souvent recours, citons seulement :

E. HEPP, *De la correspondance privée, postale ou télégraphique*. Strasbourg, 1864 ;

R. ROUSSEAU, *Traité théorique et pratique de la correspondance par lettres missives et télégrammes*. Paris, 1876 ;

F. SERAFINI, *Le télégraphe dans ses rapports avec la jurisprudence*, traduction Lavialle de Lameillère. Paris, 1863 ;

CH. DARQUER, *Des contrats par correspondance* (Thèse de doctorat). Paris, 1885.

Il est à remarquer que tous ces ouvrages sont relativement récents. Si l'on remonte au-delà de 1860, on s'aperçoit vite que les sources se font beaucoup plus rares. Elles sont presque nulles pour le Droit romain, et pour notre ancien Droit. En Droit romain l'histoire des contrats par correspondance se confond avec celle de la disparition du formalisme dans les contrats. Dans l'étude de cette évolution historique, nous avons adopté le système que M. Labbé a savamment développé à son cours. Pour notre ancien Droit, nous avons seulement trouvé quelques renseignements dans les *Institutes de Droit consulaire* de Jean Tou-

beau. Pour les sources qui rémontent au commencement de ce siècle, nous trouvons bien quelques renseignements épars chez les premiers commentateurs
du Code civil, mais nous ne rencontrons aucune monographie sur la matière.

12. — Cela tient surtout au mutisme de notre Code.
Il a fallu, pour attirer sur ce point l'attention de la
doctrine, que les difficultés qui font l'objet de cette
étude se soient plusieurs fois rencontrées dans la pratique. Une théorie s'est élaborée, et les législations les
plus récentes ont toutes traité des contrats par correspondance avec une certaine étendue. En Allemagne,
on n'a même pas attendu, pour cela, la confection d'un
Code civil général à tout l'empire. On a saisi la première occasion qui s'est présentée. C'est ce qui explique
comment la réglementation des contrats par correspondance a trouvé place dans le Code de commerce de
l'Empire allemand (art. 319 à 323). Cela n'a d'ailleurs
pas empêché les rédacteurs du projet de Code civil
allemand de traiter à nouveau cette matière (art. 84
et suiv.) [1]. Cpr. Code fédéral suisse des Obligations,
de 1881, art. 5 à 8.

Il est à désirer qu'une loi vienne également en
France réglementer cette matière. Elle ferait cesser

---

[1] *Bulletin de la Société de législation comparée*, 1889, p. 156.

les indécisions toujours regrettables de la jurisprudence. Le législateur d'ailleurs jouit d'une latitude plus grande que le juge ; il n'est pas tenu d'apporter la même logique dans ses décisions. Statuant *de lege ferenda*, il peut se permettre certaines contradictions, et emprunter à des théories opposées des solutions particulières, également bonnes en pratique. C'est ce qu'on fait les législations suisse et allemande. C'est ce que notre Cour de cassation peut plus difficilement se permettre. Une disposition législative reproduisant chez nous les dispositions du Code fédéral suisse serait vivement à désirer. Elle constituerait, croyons-nous, la meilleure solution.

PREMIÈRE PARTIE

DES CONTRATS PAR CORRESPONDANCE
EN GÉNÉRAL

CHAPITRE I

DE LA POSSIBILITÉ DE CONTRACTER
PAR CORRESPONDANCE

13. — Peut-on contracter par correspondance? A
cette question, qui ne fait plus de doute aujourd'hui,
nous consacrerons cependant un chapitre spécial, et
cela pour plusieurs motifs :

D'abord, en examinant le point de savoir si l'on pouvait contracter par lettres missives en Droit romain et
dans notre ancien Droit, nous aurons l'occasion de
suivre une évolution juridique intéressante.

En second lieu, nous ne pouvons pas laisser passer
sans la réfuter l'opinion d'un des premiers commentateurs du Code civil, Toullier, qui a prétendu que, sous
l'empire de ce Code, l'article 1325 s'opposait à la
validité de pareils contrats.

Nous aurons enfin à nous demander si, dans notre

Droit moderne, il n'y a pas certains contrats qui, par exception, ne sont pas susceptibles de se former par correspondance.

Chacun de ces points mérite une étude spéciale; d'où la division tout indiquée de ce chapitre en trois sections.

SECTION I

POUVAIT-ON, EN DROIT ROMAIN ET DANS NOTRE ANCIEN DROIT, CONTRACTER PAR CORRESPONDANCE?

a) Droit romain

14. — L'idée même d'utiliser la lettre missive pour former des contrats et faire naître des obligations n'était guère en harmonie avec les mœurs et les conditions économiques de la Rome primitive. L'utilité des contrats par correspondance se fait surtout sentir chez une nation commerçante qui habite un territoire étendu ou qui a de nombreux rapports avec les pays étrangers. Or Rome, dans les premiers siècles qui ont suivi sa fondation, n'était point une cité commerçante. Les contrats relativement rares qui intervenaient alors se formaient ordinairement entre citoyens romains habitant la même ville. Au lieu de s'écrire, il était plus

simple de se rencontrer sur la place publique où se traitaient généralement les affaires.

A un autre point de vue, le caractère formaliste de la législation romaine était un obstacle très sérieux à la validité des contrats par correspondance. Dans une législation comme la nôtre, où le seul consentement dégagé de toute solennité suffit à faire naître des obligations (C. civ., 1134), il va de soi que l'on puisse contracter par lettre missive. Comme toutes les conventions honnêtes, la convention ainsi formée sera sanctionnée par la loi. Cette manière de voir nous semble toute naturelle aujourd'hui. Mais bien différente était la conception romaine.

Se défiant de la volonté abandonnée à elle-même, le législateur romain a cru bon à l'origine de limiter les conventions qu'il pouvait être utile de sanctionner. D'un autre côté, voulant faciliter la tâche du juge et diminuer le nombre des procès, il a réglementé minutieusement certaines formalités dont l'inobservation rendait inefficaces les conventions qu'il avait limitativement permises.

Deux actes seulement avaient ainsi été entourés de solennités et munis d'action par la loi : l'aliénation d'un bien moyennant un prix payé comptant (*mancipatio, venumdatio*), et le prêt d'argent (*nexum*). Interprètes fidèles de la coutume primitive, les Décemvirs avaient écrit dans la loi des Douze Tables : *Cum nexum faciet mancipiumque, uti lingua nuncupassit, ita jus esto.*

Il n'y avait ainsi à l'origine que deux opérations sanctionnées par la loi : la *mancipatio* et le *nexum*, et comme les solennités dont elles étaient entourées nécessitaient la présence des parties, il en résultait que les absents ne pouvaient pas contracter.

Les premiers Romains ne connaissaient donc pas les contrats par correspondance. La loi rendait impossible une manière de s'obliger dont les mœurs ne faisaient pas encore sentir le besoin.

15. — Mais vint un temps où les anciennes formes de contracter ne suffirent plus aux besoins de la société romaine. Alors, semble-t-il, des débris du *nexum* naquirent deux nouveaux contrats dont la destinée dans l'histoire du Droit romain devait être bien différente : le contrat *litteris* et le contrat *verbis*. Ces contrats étaient-ils susceptibles de se former entre absents ?

16. — L'opération qui se faisait sous la forme d'un contrat *litteris* était un prêt d'argent réel ou fictif. L'obligation littérale naissait d'une écriture que le créancier portait sur son registre ou *codex*. Point n'était besoin de la présence du débiteur. Une mention sur le registre de ce dernier n'était même pas nécessaire. Cette proposition, qui n'est plus guère contestée aujourd'hui[1], n'a rien qui doive surprendre si l'on

---

[1] Accarias, *Précis de Droit romain*, t. II, p. 393. — Paul Gide, *Études sur la novation et le transport des créances*, p. 203.

songe que le contrat *litteris* nous reporte à un état de civilisation où le créancier était dans une condition sociale supérieure à celle de son débiteur. Rien dans les formalités qui entouraient la formation de ce contrat ne s'opposait donc à ce qu'il fût conclu entre absents. Gaïus nous le dit d'ailleurs formellement : *absenti expensum ferri potest* (Gaïus, III, 138).

Mais de ce que le contrat *litteris* était possible entre absents, il ne faudrait pas en conclure qu'il pouvait se former par correspondance. Sans doute, les parties absentes pouvaient bien, par l'intermédiaire de lettres ou de messagers, s'entendre au préalable sur les clauses de leur contrat. Mais cela ne suffisait point pour rendre cette convention obligatoire. Seule l'écriture portée par le créancier sur son *codex* avait cette efficacité de créer un lien de droit entre son débiteur et lui.

17. — Quant au contrat *verbis*, le Droit romain n'a jamais admis qu'il fût possible entre absents. Cela résulte du passage déjà cité de Gaïus, où ce jurisconsulte, après avoir constaté que le contrat *litteris* était possible entre absents, ajoute qu'il en était autrement de la stipulation : *etsi verbis obligatio cum absente contrahi non possit*[1]. La prononciation de paroles

---

[1] Cpr § 12. *Inst.*, *de inutilibus stipulationibus* : « Verborum obligatio inter absentes concepta inutilis est. »

solennelles exigeait, en effet, forcément la présence des parties. Même après la Constitution de l'empereur Léon qui supprima la solennité des paroles (an 469 ap. J.-C.), il fallut toujours des mots échangés de part et d'autre. Le contrat resta solennel si les paroles cessèrent de l'être, et la présence des parties continua à être exigée.

L'usage s'était établi, il est vrai, de constater par écrit la stipulation, et la jurisprudence classique avait admis que, par cela seul qu'une stipulation se trouvait mentionnée dans un acte écrit, on devait *présumer* que cette stipulation avait été correctement faite et que les formalités requises avaient été accomplies. Celui qui voulait se prévaloir de l'imperfection du contrat était seulement admis à faire la preuve contraire (L. 7, § 12, D., *de Pactis*, II, 14. — Paul, *Sent.*, V, 7, § 2). Justinien rendit encore cette preuve plus difficile en exigeant de celui qui voulait la faire qu'il établît par des témoins dignes de foi (*testes idoneos, omni exceptione majores*) ou par écrit que les parties n'avaient pas pu se rencontrer au jour indiqué (§ 12, Inst., III, 19. — L. 14, C., *de contrahenda et committenda stipulatione*, VIII, 38). Grâce à ces règles sur la preuve, les parties avaient donc, ainsi que le fait très bien remarquer M. Accarias [1], un moyen commode d'éluder en fait et

---

[1] *Précis de Droit romain*, t. II, p. 212.

dans une assez large mesure la nécessité des solennités légales. Mais il n'en reste pas moins vrai que,
même dans le dernier état du Droit romain, on pouvait,
en prouvant un *alibi*, faire tomber la stipulation constatée faussement dans un acte écrit, et que, en droit,
le contrat *verbis* n'était pas susceptible de se former
entre absents [1].

18. — Quant aux contrats réels et consensuels
dont l'apparition en Droit romain fut le produit d'un
état de civilisation plus avancé, ils pouvaient, au contraire, se former entre absents.

En ce qui concerne les contrats réels, le consentement des parties, n'étant entouré d'aucune formalité,
pouvait évidemment être donné par correspondance.
La nécessité d'une tradition apportait seulement à la

---

[1] Cet obstacle que le formalisme romain apportait à la validité
des contrats entre absents est une des causes qui peuvent servir
à nous expliquer l'importance pratique considérable en Droit romain
d'une institution dont le rôle est aujourd'hui beaucoup plus restreint et relativement bien modeste, la *délégation*. La délégation se
réalisait ordinairement par une stipulation entre le délégué et le
délégataire, ce qui sans doute exigeait leur présence simultanée
dans le même lieu. Mais le *jussum* du délégant était une simple
déclaration de volonté qui n'était soumise à aucune formalité. Le
délégant pouvait donc donner son *jussum* à distance, dans une
lettre adressée au délégué, par exemple. Ainsi, Titius qui habite
Carthage est dans l'impossibilité de stipuler de Mævius qui habite
Rome, et inversement il ne peut s'engager par stipulation envers
Caïus qui habite également Rome. Mais par un échange de lettres
les parties s'entendront. Caïus stipulera directement de Mævius, et
voilà deux opérations conclues entre absents. La délégation offrait
ainsi un moyen fréquemment employé dans la pratique romaine, de
tourner l'obstacle apporté aux contrats entre absents par les formalités de la stipulation. Cpr Paul Gide, *Novation*, p. 442.

formation entre absents d'un contrat réel une difficulté de fait, mais qui n'était pas insoluble. Nous ne supposerons pas pour cela que le *nuncius* chargé de transmettre le consentement est en même temps chargé de remettre la chose, objet du contrat: M. Accarias fait remarquer avec raison qu'en ce cas ce messager se transforme en un véritable mandataire (L. 1, § 11, D., *Depositi vel contra*, XVI, 3)[1]. Il suffit de se placer dans une hypothèse souvent prévue par les textes : celle où l'une des parties a déjà entre ses mains la chose que l'autre veut lui livrer en *mutuum* ou en gage, par exemple.

Les contrats consensuels (auxquels nous assimilerons les conventions que les interprètes ont appelées des *pactes légitimes* et qui, au fond, sont de véritables contrats consensuels) pouvaient évidemment se former entre absents soit par lettre, soit par l'intermédiaire d'un messager ou *nuncius* (Inst., III, 22. — L. 2, § 2, D. *de Obl. et act.*, XLIV, 7. — L. 1, § 2, D., *de Contrahenda emptione*, XVIII, 1). Le consentement pur et simple, dégagé de toute formalité, suffisait, en effet, à lui seul à la perfection de ces contrats.

19. — Tel était le Droit civil. Nous venons de voir combien la possibilité de contracter entre absents avait eu de peine à s'y faire jour. Il était réservé au

---

[1] *Précis de Droit romain*, t. II, p. 441, note 2.

Droit prétorien de mettre en lumière toute l'importance pratique de cette manière de contracter en permettant aux Romains de l'utiliser dans presque toutes les relations de la vie civile.

Par cela seul que les parties avaient pris jour pour l'exécution d'une convention primitivement intervenue entre elles, le préteur sanctionnait cette convention par une action (*actio de constituta pecunia*). Le pacte de constitut jouait en Droit prétorien le rôle général et prépondérant de la stipulation en Droit civil. Mais il avait sur celle-ci l'avantage immense d'être susceptible de se former entre absents. C'est ce qui est constaté par de nombreux textes du Digeste insérés au titre *de Pecunia constituta* (XIII, 5), textes qui envisagent l'hypothèse d'un pacte de constitut formé par correspondance (L. 5, § 3; L. 24; L. 26). C'était là une supériorité considérable de ce contrat sur la stipulation, et l'importance pratique du pacte de constitut résidait précisément en ce que, pouvant se former par correspondance, il offrait de grandes facilités pour les affaires commerciales entre Rome, l'Italie et les provinces.

Un exemple fera sentir cette utilité du constitut. Titius veut, en s'engageant comme débiteur accessoire, garantir la dette d'autrui. La *fidejussio* lui est impossible parce qu'il habite une contrée éloignée du domicile du créancier et que la stipulation ne peut pas se former entre absents. Sans doute, il pourrait par correspondance s'engager comme *mandator credendæ pecuniæ*, le mandat étant un contrat consensuel ; mais peut-être cela ne lui est-il plus possible parce que l'obligation principale est déjà formée. Un seul moyen s'offre alors à lui pour obtenir le résultat qu'il poursuit : c'est de faire un pacte de constitut (*constitutum debiti alieni*).

Le pacte de constitut apportait ainsi un remède très efficace aux trop grandes rigueurs de la stipulation, et cela peut nous aider à comprendre comment il se fait que les règles rigoureuses de la stipulation se soient maintenues jusque dans le dernier état du Droit romain.

20. — Que si maintenant l'on se demande comment pratiquement il était possible dans le monde romain de contracter entre absents, nous répondrons avec les textes que cela pouvait se faire *vel per epistolam, vel per nuncium*.

a) Per epistolam. — On pouvait confier une lettre soit à l'obligeance d'un voyageur ou d'un ami, soit à des hommes libres qui louaient leurs services, soit à des esclaves appartenant aux correspondants eux-mêmes. Ces esclaves étaient dits *tabellarii* (porteurs de tablettes). Quant au service des postes, il n'était point accessible aux particuliers. Le pouvoir impérial avait créé pour lui-même et pour lui seul le *cursus publicus*. Les sujets, qui en supportaient tout le poids, n'en retiraient aucun avantage soit pour le transport des personnes, soit pour la facilité des correspondances [1].

b) Per nuncium. — Le *nuncius*, que les textes romains rapprochent fréquemment de la lettre missive, se distingue au contraire très nettement du mandataire. Le contrat conclu par mandataire n'est point, en Droit romain, un contrat formé entre absents. Le contrat naît entre le mandataire et la personne avec laquelle il a mission de contracter. Dans les limites de son mandat, et sauf toujours à agir au mieux des intérêts du mandant, le mandataire fait le contrat à sa guise et suivant son inspiration propre. Le *nuncius*, au contraire, joue un rôle purement passif. Il n'est qu'un porte-paroles, ce qui faisait dire à l'un de nos anciens auteurs : *Nuncius est tanquam pica, et viva vox mittentis* [2]. En cela il se rapproche de la lettre missive à tel point qu'il semble n'y avoir entre ces deux manières de faire parvenir le consentement qu'une différence purement matérielle. Il n'y a donc point d'exagération dans cette parole de Cujas [3] : *Epistola est tacitus nuncius, ut nuncius est epistola loquens.*

---

[1] Mémoire de M. Naudet sur l'administration des postes chez les Romains, p. 59 et suiv.

[2] Alciat, sur la L. 14, § 3, D., *de Pecunia constituta.*

[3] Sur la L. 2, D., *de Obl. et act.*

21. — Quant à la théorie même des contrats par correspondance, elle ne semble point avoir exercé la sagacité des jurisconsultes romains. La grosse difficulté qui s'élève aujourd'hui sur le point de savoir à quel moment se forme exactement le contrat conclu par correspondance, difficulté qui divise tant de bons esprits parmi les auteurs modernes, paraît leur avoir échappé. M. Maynz [1], qui pense que le lien obligatoire ne se formait qu'au moment où l'acceptation était parvenue à la connaissance du pollicitant, avoue lui-même que les lois romaines ne fournissent aucune décision sur cette question délicate ; ce qui fait qu'il est bien difficile de voir dans cette assertion autre chose qu'une simple supposition sans fondement.

b) *Ancien droit*

22. — Si du Droit romain nous passons à notre ancien Droit, nous trouvons entre les auteurs et les arrêts des divergences assez prononcées sur le point de savoir quelle était la valeur d'un engagement pris par correspondance. A l'origine, nous trouvons de vieux arrêts qui admettent la validité de contrats conclus dans cette forme. Un arrêt du Parlement de Grenoble du 18 mai 1581, rapporté par Expilly (cha-

---

[1] *Cours de Droit romain* (3ᵉ édition), § 285, note 10.

pitre LXXV, vol. des *Plaidoyers*, p. 632), reconnaît qu'un louage conclu par lettres missives est valable et doit prévaloir sur celui qui a été passé postérieurement par-devant notaires et témoins. Un autre arrêt du Parlement de Paris du 3 décembre 1680, rapporté dans le *Dictionnaire des arrêts* de Jacques Brillon (v° *Bail*, t. I, p. 418), décide que la promesse de passer bail contenue dans une lettre est obligatoire. Ces deux arrêts s'appuient, il est vrai, sur ce que le bail est un contrat purement consensuel, et ne font qu'appliquer des principes déjà admis en Droit romain.

23. — Les contrats par correspondance étaient surtout usités entre commerçants. Aussi ne faut-il pas s'étonner de ce que les renseignements les plus complets qui nous soient parvenus sur l'état de la question dans notre ancien Droit se rencontrent dans un ouvrage sur le Droit commercial. Toubeau consacre un chapitre entier de ses *Institutes de Droit consulaire* (L. III, tit. I, ch. II) à traiter des lettres missives et à démontrer qu'elles sont obligatoires entre marchands.

Il y avait bien eu quelques hésitations au début. Charondas le Caron (*Memorables observations du Droict françois*, v° *Lettres*) estimait que la question de savoir si les lettres missives sont obligatoires « ne se peut décider par une règle générale, ains par les diverses considérations et circonstances qui s'y peuvent rencontrer ». Maranta pensait qu'une lettre n'oblige que pendant la vie de celui qui l'a écrite. Mais on avait fini par admettre, conformément au sentiment « des plus braves auteurs », nous dit Toubeau, que les lettres entre marchands étaient obligatoires.

24. — Certains jurisconsultes allaient même plus loin. Barthole et Jason pensaient qu'une simple lettre reconnue entre marchands était plus forte qu'une promesse faite par écrit, car, outre la signature et l'écriture qui leur sont communes avec les promesses, les lettres tirent du cachet ou du sceau imprimé sur l'enveloppe un caractère particulier d'authenticité. Zabarella (conseil 153) croyait que les lettres entre marchands devaient avoir force d'instrument public, *vim publicorum instrumentorum*. Tel était aussi l'avis de la Rote de Gênes (décision 142), laquelle décidait de plus que ces lettres devaient porter exécution parée pendant dix ans (décision 81). Enfin, un dernier auteur, Mornac (sur la l. 7, C., *Mandati*), écrivait que celui qui signe une lettre s'oblige *nec minus quam si conscriptum a tabellione instrumentum fuisset*.

25. — Tel était l'état de la question au début du XVIIIe siècle, lorsqu'à cette époque commença à s'opérer une réaction très curieuse qui fut l'œuvre de la jurisprudence et, en particulier, du Parlement de Paris.

Notre ancienne jurisprudence avait été très frappée de ce fait que, lorsqu'une personne détient un écrit émané de l'autre partie qui, elle, ne peut fournir aucune preuve, cette personne tient entre ses mains les destinées du contrat. Libre en fait de produire cet écrit ou de le faire disparaître, elle peut faire que le contrat sera ou ne sera pas, suivant ce que lui conseillera son intérêt. Afin de remédier à cet inconvénient et de ne pas laisser une des parties à la merci de l'autre, le Parlement de Paris décida, par une série d'arrêts dont le plus ancien est du 30 août 1736[1], que tout acte sous seing privé constatant une convention synallagmatique devait être fait en double original, chaque original devant porter mention de l'accomplissement de cette formalité.

L'inobservation de ces règles entraînait non pas seulement la nullité de l'acte écrit en tant que moyen de preuve, *mais la nullité de la convention elle-même*. Vivement critiquée par Merlin[2] qui lui reprochait de confondre « ce qui appartient au contrat d'avec ce qui n'est relatif qu'à la preuve », repoussée par les Parlements de Flandre et de Grenoble, cette jurispru-

---

[1] De Grainville, *Recueil d'arrêts rendus en la 4e chambre des enquêtes*, p. 164. Cet auteur, qui fut un des magistrats qui concoururent à cet arrêt, ajoute que la doctrine émise par le Parlement de Paris n'était que la reproduction d'une pratique qui, au dire de plusieurs, était déjà constamment suivie au Châtelet de Paris.

[2] *Répertoire* de Guyot, v° *Double écrit.*, t. VI, p. 362 (édition de 1784).

dence triompha néanmoins d'une manière générale et se maintint jusqu'à la fin de notre ancien Droit.

On voit quels arguments on pouvait tirer de cette jurisprudence, et surtout des motifs qui l'avaient fait établir, contre la validité des contrats par correspondance. Celui qui a reçu une lettre n'est-il pas libre de la montrer ou de la détruire sans que l'auteur de cette lettre puisse en démontrer l'existence?

Le système consacré par la jurisprudence du Parlement de Paris est passé en partie dans l'article 1325 C. civ., et c'est surtout en s'appuyant sur ce texte que l'on a contesté la validité des contrats par correspondance dans notre Droit actuel. Nous arrivons ainsi à l'examen de l'opinion de Toullier. Ce sera l'objet de la seconde section de ce chapitre.

SECTION II

EST-IL POSSIBLE, SOUS L'EMPIRE DU CODE CIVIL, DE CONTRACTER PAR CORRESPONDANCE ?

26. — Cette question, hâtons-nous de le dire, n'est plus discutée aujourd'hui, et il est unanimement admis que l'on peut, en Droit civil français, contracter par correspondance. Nous disons : *en droit civil*, parce que, en Droit commercial, la question n'a jamais fait de

doute. D'une part, en effet, l'article 1325 C. civ., qui forme la base de toute la théorie de Toullier, ne s'applique pas en matière commerciale [1] ; d'un autre côté, l'article 109 C. com., admettant la correspondance comme mode de preuve des contrats commerciaux, décide par là même que ces contrats sont susceptibles de se former par correspondance.

Ainsi, de l'aveu même de Toullier, la difficulté ne s'élevait qu'en matière civile. Même ainsi limitée, l'opinion de cet auteur est restée isolée et n'a jamais été admise par la jurisprudence [2]. Aussi, la controverse n'offrant plus qu'un intérêt rétrospectif, nous contenterons-nous d'en indiquer rapidement les éléments.

27. — L'opinion qui nie la validité des contrats par correspondance s'appuie surtout, avons-nous dit, sur l'article 1325 C. civ. Les lettres missives, ne remplissant pas les conditions auxquelles l'article 1325 soumet la

---

[1] Telle est du moins l'opinion très généralement admise. V. Aubry et Rau, t. VIII, § 756, texte et note 49 ; Bonnier, *Traité des preuves*, n° 693 ; Lyon-Caen et Renault, *Précis de Droit commercial*, t. I, n° 605. — Cpr cep. en sens contraire : Massé, *Droit commercial*, t. IV, n° 2416.

[2] Il y a bien un jugement du tribunal d'appel de Poitiers du 11 ventôse an X (Dalloz, *Rep.*, v° *Vente*, n° 84), qui décide que « le consentement nécessaire pour la validité d'une vente ne résulte pas suffisamment de simples lettres que l'une des parties peut supprimer à volonté », mais ce jugement est antérieur au Code civil. On a cru aussi trouver en ce sens un arrêt de la Cour d'Agen du 17 janvier 1824 (D., 25, 2, 34) ; mais, dans l'espèce prévue par cet arrêt, le contrat était impossible à prouver parce que la correspondance était déniée.

validité des actes sous seing privé, seraient impuissantes à faire naître un contrat [1].

Nous ne voulons pas insister sur les conséquences pratiques très regrettables auxquelles conduirait cette théorie, ni nous attarder à démontrer combien serait fâcheux un texte qui apporterait des entraves aussi gênantes à la liberté de contracter. Nous ne nous bornerons pas non plus à dire avec Merlin [2] que, l'article 1325 étant en opposition avec les véritables principes, il faut en limiter rigoureusement l'application aux cas qu'il a expressément prévus, en vertu de l'adage romain : *Quod contra rationem juris receptum est non est producendum ad consequentias* (L. 14, D., *de Legibus*, I, 3). Il y a, contre le raisonnement que l'on essaie de baser sur l'article 1325, des arguments plus topiques.

28. — D'abord, quand bien même — ce qui est déjà très contestable — il faudrait voir dans la lettre missive un acte sous seing privé irrégulièrement fait, qu'en faudrait-il conclure ? Uniquement ceci : que cette lettre est impuissante à prouver le contrat qu'elle renferme. Mais ce contrat lui-même n'en serait pas moins valable, et rien n'empêcherait de démontrer son exis-

---

[1] Telle est bien, en effet, la portée de l'opinion soutenue par Toullier. Il dit (n° 325) : « *On ne peut plus en France contracter aujourd'hui par lettres.* » C'est bien la convention elle-même et non la lettre envisagée comme mode de preuve, qu'il prétend être sans effet.

[2] *Répert*, v° *Double écrit*, n° 11.

tence en recourant à d'autres modes de preuve.
L'article 1325, en effet, ne va pas jusqu'à annuler,
comme le faisait autrefois le Parlement de Paris, la
convention contenue dans un acte sous seing privé
irrégulièrement fait. Les rédacteurs du Code n'ont
pas confondu ce qui a trait au contrat lui-même et ce
qui n'est relatif qu'à sa preuve. L'inobservation de
l'art. 1325 a pour sanction non pas la nullité de la
convention, mais seulement celle de l'acte instrumen-
taire qui la constate [1]. Encore admet-on généralement
que l'acte sous seing privé dressé en contravention de
l'article 1325 est susceptible de former un commencement de preuve par écrit [2].

L'argument tiré de ce texte repose, en effet, sur une
confusion. Nous ne nous demandons pas ici si la correspondance peut servir à prouver un contrat. Nous
traiterons plus loin et dans un chapitre spécial de la
force probante des lettres missives, et nous examinerons alors toutes les difficultés que fait naître cette
délicate question. Mais, en ce moment, nous ne trai-
tons pas une question de preuve. Nous nous demandons simplement si, étant démontré qu'une convention
a été formée par correspondance, cette convention

---

[1] Telle est du moins, et sauf le dissentiment isolé de M. Demolombe, l'opinion unanimement admise en doctrine et en jurisprudence.

[2] La jurisprudence est aujourd'hui formée en ce sens. Cpr Aubry
et Rau, t. VIII, § 756, note 38.

doit être tenue pour valable. Notre problème se rattache aux conditions d'existence des contrats. La question étant posée sur ce terrain, et étant donnés les principes de notre Droit en matière de consentement, la solution ne saurait être douteuse.

Est-il besoin enfin de faire remarquer qu'un échange de lettres n'est point un acte sous seing privé ? On dresse un acte sous seing privé dans le but de se procurer un moyen de preuve. On s'écrit, non pour se procurer un titre, mais pour parvenir à une entente. L'article 109 C. com. parle, comme de deux choses absolument distinctes, de la preuve par acte sous seing privé et de celle tirée de la correspondance.

29. — Pour corroborer l'argument tiré de l'article 1325 C. civ., l'opinion que nous réfutons a invoqué accessoirement d'autres textes. L'article 1985 C. civ., disant que le mandat peut être formé « *même par lettre* », impliquerait *a contrario* que les autres contrats sont ne pas susceptibles d'être formés de cette façon. On a ajouté que le chapitre VI du titre *des Obligations* ne parle point des lettres missives, et que l'article 1341 C. civ. exige qu'il soit passé acte de toutes choses excédant la valeur de cent cinquante francs. Nous ne voulons pas insister sur la faiblesse du premier argument. Quant aux deux derniers, nous les avons réfutés par avance en démontrant qu'il ne s'agit point ici d'une question de preuve [1].

____

[1] Les articles 1315 à 1369 C. civ., qui forment le chapitre VI du titre

30. — Ajoutons en terminant que Toullier lui-même a reconnu son erreur. Dans la cinquième édition du *Droit civil français*, (t. VIII p. 486), il déclare « abandonner avec grand plaisir une opinion qu'il n'avait énoncée qu'à regret ». Cette doctrine n'ayant trouvé par la suite aucun défenseur, la discussion se trouve aujourd'hui close. Cette controverse est, on peut l'affirmer, une de celles qui ne ressusciteront pas.

SECTION III

DES CONTRATS QUI, DANS LE DROIT FRANÇAIS ACTUEL, NE SONT PAS SUSCEPTIBLES DE SE FORMER PAR CORRESPONDANCE.

31. — Toutes sortes de conventions, en principe, sont susceptibles de se former par correspondance, notre Droit ayant suivi la maxime d'après laquelle le seul consentement suffit à créer un lien obligatoire : *solus consensus obligat.*

Il reste toutefois bien entendu que les conventions

des obligations, se réfèrent en effet exclusivement à la matière des preuves. — Quant à l'article 1341 en particulier, il exige au-dessus de 150 francs la passation d'un acte authentique ou sous seing privé simplement en ce sens qu'à défaut d'un tel acte la preuve testimoniale ne sera pas admise, mais il n'a point d'autre portée. Ce texte n'envisage l'écriture que comme moyen de preuve et non comme solennité.

formées par correspondance ne sont pas pour cela dispensées de réunir les conditions qui peuvent être exigées à un autre point de vue pour leur formation et leur validité. Ainsi, l'article 2015 C. civ. exigeant que le cautionnèment soit *exprès*, une lettre portant engagement de se porter caution devra être rédigée en termes suffisamment précis. Une lettre par laquelle un créancier écrirait à un autre créancier de son débiteur « qu'il n'a rien à perdre et que la dette est bien assurée » ne nous paraîtrait pas assez explicite pour emporter, à la charge de celui qui l'a écrite, obligation de garantir et faire valoir la dette [1].

Le principe que nous venons de poser ne reçoit d'exception qu'en ce qui concerne les contrats solennels qui ne peuvent rencontrer dans la correspondance privée l'authenticité nécessaire à leur existence. Ainsi, ne peuvent se former par correspondance : la donation (C. civ., 931), le contrat de mariage (C. civ., 1394), la constitution d'hypothèque (C. civ., 2127), la subrogation consentie par le débiteur (C.civ., 1250 al. 2), et,

---

[1] Toubeau, auquel nous empruntons cette espèce, cite, il est vrai, un arrêt de la Chambre de l'édit de Castres du mois de juillet 1560 qui avait admis qu'une pareille lettre constituait un cautionnement. Mais notre ancienne jurisprudence s'était généralement formée en sens contraire. Voir un arrêt du Parlement de Toulouse rapporté par Gérard de Meynard, *Notables et singulières questions de Droit écrit jugées au Parlement de Toulouse*, livre VIII, chap. XXIX. Cpr également Pothier, *Obligations*, n° 402.

en Droit commercial, la lettre de change. Mais cela n'implique pas du tout que ces contrats ne soient pas susceptibles de se former entre absents. Ce serait là une conclusion exagérée dont la simple lecture de l'article 932 al. 2 C. civ. suffirait, s'il en était besoin, à prouver la fausseté. Nous voulons simplement dire que la simple transmission du consentement par correspondance est insuffisante pour la formation d'un contrat solennel.

Ces principes sont certains. On a seulement soulevé, en matière de constitution d'hypothèque et de lettre de change, certaines difficultés relativement à des questions accessoires, difficultés sur lesquelles nous devons fournir quelques développements.

32. — HYPOTHÈQUE. — Quant à l'hypothèque, l'article 2127 C. civ. n'exigeant l'authenticité que dans l'acte par lequel l'hypothèque est *consentie*, on s'est d'abord demandé si une promesse de constituer hypothèque contenue dans une lettre missive et, en général, dans un acte privé quelconque, devrait être considérée comme valable.

Nous croyons que rien ne pourrait empêcher un créancier de poursuivre l'exécution d'un pareil engagement et d'obtenir, contre son débiteur qui refuserait de passer un acte notarié, un jugement qui entraînerait hypothèque judiciaire. Il y a, dans cet engagement ainsi pris par le débiteur, une obligation de faire qui est en dehors à la fois des termes et de l'esprit de l'article 2127. A l'appui de cette solution, M. Thézard (*Traité des privilèges et hypothèques*, n° 58) ajoute un argument *a fortiori* qui nous paraît fort juste. Il fait remarquer que tout engagement, en quelque forme qu'il soit souscrit, contient une promesse d'hypothèque générale puisque, par là même qu'il s'oblige, tout débiteur se soumet éventuellement à une hypothèque judiciaire qui affectera tous ses biens. A plus forte raison, peut-il promettre valablement une hypothèque restreinte. La jurisprudence est d'ailleurs en ce sens [1].

33. — Autre question. Un créancier, qui n'a pas figuré à l'acte de constitution d'hypothèque, pourrait-il par la suite donner son acceptation par lettre missive ? La question ne se posait pas dans notre ancienne pratique : d'après l'usage du Châtelet, le notaire acceptait pour le créancier non présent à l'acte (arrêt de règlement du 8 mai 1716). Mais cela n'est plus possible aujourd'hui [2].

L'opinion dominante est que l'acceptation du créancier n'a point besoin d'être donnée en la forme authen-

---

[1] Pau, 16 juillet 1852, S., 52, 2,417. — Cpr Aubry et Rau, t. III, § 266, texte et note 53.

[2] En effet, d'une part, la qualité de notaire n'emporte pas celle de mandataire, et, d'un autre côté, le notaire est incapable de figurer comme représentant des parties dans les actes qu'il passe.

tique, et peut par suite très bien être contenue dans une lettre. Cette doctrine nous paraît exacte. L'argument tiré en sens contraire de l'article 932 C. civ. qui exige que l'acceptation du donataire intervenue par un acte postérieur soit rédigée en la forme authentique, ne nous semble, en effet, nullement concluant, ce texte étant de sa nature exceptionnel[1].

34. — Mais nous donnerions une solution inverse de celles que nous venons de proposer, s'agissant de savoir si la procuration à l'effet de consentir une hypothèque pourrait être contenue dans une lettre missive. L'affirmative semble, il est vrai, avoir prévalu à l'origine dans la jurisprudence; du moins, on peut citer en ce sens de vieux arrêts de la Cour de cassation[2]. A l'appui de cette opinion on raisonnait ainsi : l'article 2127 exige bien que l'hypothèque soit consentie par acte authentique, mais il ne faut pas confondre le consentement donné à l'hypothèque avec le consentement donné au mandat, lequel — l'article 1985 C. civ. le dit expressément — peut très bien être donné par lettre. — Mais il est facile de répondre que c'est du mandat lui-même que résulte le consentement donné

---

[1] Aubry et Rau, t. III, § 266 texte et note 51. Thézard, *Privilèges et hypothèques*, n° 58.

[2] Cass. 25 mai 1819, S., 19. 1.324. — Cass. 5 juillet 1827, S., 28, 1,105. — Voir également en ce sens : Marcadé, *Revue critique*, 1852, t. II, p. 190.

par le débiteur à la constitution d'hypothèque. On ne peut séparer l'hypothèque de la procuration sans laquelle elle resterait absolument inefficace. D'ailleurs, les articles 36 et 933 du Code civil, qui exigent l'authenticité de la procuration donnée à l'effet de comparaître dans certains actes authentiques, semblent bien être l'application d'un principe général. Et cette manière de voir est confirmée par la loi du 21 juin 1843. L'article 2 de cette loi, qui exige la présence réelle du notaire en second ou des témoins instrumentaires pour certains actes authentiques qu'il énumère limitativement, soumet à cette même exigence « les procurations pour consentir ces divers actes ». Ce texte nous fournit un argument d'analogie qui est très puissant, argument qui a d'autant plus de poids, dit M. Merville (*Revue pratique*, 1856, t. II, p. 97), que c'est à un moment ou la Cour de cassation était saisie de la difficulté qui nous occupe que l'on discutait dans les Chambres le projet qui devait aboutir à la loi de 1843. Aussi, depuis cette époque, la négative semble-t-elle l'emporter définitivement dans la doctrine et dans la jurisprudence [1].

35. — LETTRE DE CHANGE. — Des difficultés s'élèvent relativement à l'aval et à l'acceptation.

---

[1] Aubry et Rau. t. III, § 266 texte et note 49. — Thézard. *loc. cit.* — Cass. 12 novembre 1855, S. 56, 1,254.

Dans notre Droit actuel, l'*aval* peut être donné par correspondance [1]. Cela résulte de l'article 142 C. com. qui décide que l'aval peut être fourni « sur la lettre même ou par acte séparé ». Dans notre ancien Droit, l'Ordonnance de 1673 (titre 5, art. 33) avait admis une solution contraire. L'aval devait nécessairement être écrit sur la traite elle-même, sinon il ne constituait plus qu'un cautionnement ordinaire auquel cessaient de s'appliquer les règles spéciales en matière de lettre de change (contrainte par corps, solidarité) [2]. Cette disposition de l'Ordonnance avait pour elle d'être conforme au principe d'après lequel la lettre de change doit se suffire à elle-même pour toutes les obligations qui s'y rattachent. Mais elle offrait des inconvénients pratiques. L'aval mis au bas de la traite nuit au crédit du tireur en faisant douter de sa solvabilité. De plus, les donneurs d'aval étaient souvent des personnes « de néant et sans biens ». C'était un piège tendu au public dans le but de négocier plus facilement la lettre de change. Aussi Savary (*Parère*, 14) nous dit-il qu'en raison de ces inconvénients un usage contraire s'était établi. C'est cette ancienne pratique que reproduisait le projet du Code de commerce. Sa disposition était même plus radicale. La Commis-

---

[1] V. Lyon-Caen et Renault, *Précis de Droit commercial*, t. I, n° 1170. — Poitiers, 23 octobre 1889, *Bulletin de la Cour d'appel de Poitiers*, décembre 1889, p. 330.

[2] Pothier, *Traité du contrat de change*, n° 123.

sion n'admettait que l'aval donné par acte séparé [1]. C'est sur les observations de plusieurs Cours que l'on rétablit la faculté de porter l'aval sur la traite, en décidant qu'il pourrait être fourni indifférement de l'une ou de l'autre manière.

Quant aux législations étrangères, leurs solutions sur ce point sont loin d'être d'accord : les unes préférant, comme la loi française, la solution la plus utile en pratique, les autres s'en tenant rigoureusement aux principes. Ainsi, tandis que le Code de commerce belge de 1872 (titre VIII, art. 32) décide que l'aval peut être souscrit sur la lettre elle-même ou par acte séparé, l'article 81 de la loi générale allemande sur le change prohibe l'aval par acte séparé. De même, nous lisons dans l'article 274 al. 2 du Code de commerce du royaume d'Italie promulgué en 1882: « L'aval est écrit sur la lettre de change et signé par celui qui le fournit » (*L'avallo é scritto sulla cambiale et sottoscritto da chi lo presta*), d'où il semble résulter *a contrario* qu'il ne saurait être fourni autrement, et notamment par lettre missive. De là des conflits de législations qui rendent désirable l'unification tant réclamée des lois des différents pays civilisés en matière de lettre de change.

36. — Seconde difficulté: *l'acceptation* peut-elle

---

[1] Locré, *Esprit du Code de commerce*, t. I, p. 448.

être donnée par lettre missive, ou doit-elle, au contraire, être écrite sur la traite elle-même ?

Dans notre ancien Droit, l'acceptation n'avait point besoin d'être écrite sur la traite. L'Ordonnance de 1673 sur le commerce, titre V, art. 2, portait simplement: « Toutes lettres de changes seront acceptées par écrit. » Il y avait même aux foires de Lyon une acceptation de vive voix sur laquelle Ferrière dans son *Dictionnaire de droit et de pratique* (V° *Acceptation*, t. I, p. 17) nous donne d'assez curieux renseignements [1]. Pothier, *Traité du contrat de change* n° 43, admettait que l'Ordonnance, en exigeant un écrit, avait seulement voulu exclure la preuve testimoniale, et que l'acceptation pouvait résulter d'un aveu ou d'un refus de serment. Autrement dit, Pothier donnait du texte de l'Ordonnance l'interprétation que nous donnons aujourd'hui des articles du Code civil qui portent que certains contrats doivent être rédigés par écrit (Cpr. art. 2044 et 2085 C. civ.). A cette époque, l'acceptation était donc considérée comme un acte tout à fait différent de la traite elle-même, et nul doute qu'elle ne pût être fournie par lettre missive [2].

---

[1] Les négociants se réunissaient sur la place, chacun muni d'un carnet indiquant toutes les traites qu'il devait payer ou dont il devait recevoir le paiement en foire. Le porteur interpellait le tiré. Si le tiré acceptait, le porteur écrivait un B (bonne) sur son carnet. Si le tiré refusait d'accepter, le porteur écrivait un P (protestation).

[2] Phoonsen, *Us et coutumes de la ville d'Amsterdam en matière de lettre de change*, chap. x, § 10.

Que faut-il décider sous l'empire du Code de commerce? Tout le monde admet que le tiré qui a accepté une traite par lettre missive est obligé par la lettre qu'il a écrite. Mais les auteurs se divisent sur le point de savoir s'il est tenu en vertu de la traite, avec la *rigor cambialis*. Si l'on adopte l'affirmative, on admet par là même que l'obligation du tiré est une obligation nécessairement commerciale, régie par toutes les règles spéciales en matière de lettre de change (prescription, solidarité). Dans l'opinion contraire, la lettre écrite par le tiré contiendrait simplement une obligation ordinaire régie par les principes généraux du Droit. Tel est l'intérêt de la question.

L'opinion d'après laquelle l'acceptation peut être fournie par acte séparé a d'abord prévalu dans la doctrine[1]. Outre l'autorité de notre ancien Droit, cette opinion tire des travaux préparatoires du Code de commerce un argument très fort. Lors de la discussion de l'article 129 du projet (devenu l'art. 122 du Code), Merlin souleva la question de savoir si l'on devait permettre l'acceptation par lettre missive. « Beaucoup d'auteurs, dit Merlin, surtout les docteurs hollandais, allemands et espagnols, pensent qu'il suffit d'une lettre missive. Il est donc nécessaire que la loi s'explique avec précision, quel que

---

[1] Voir notamment : Émile Ollivier *Revue pratique*, 1858, t. V, p. 218.

soit le système qu'on croie devoir adopter. » La discussion qui s'éleva alors au sein du Conseil d'État fut close par ces mots du président : « Il n'y a pas lieu de modifier l'article ; puisqu'il n'exclut pas l'acceptation par lettre missive, on en conclura naturellement qu'il la permet. » C'est sur cette observation que l'article 129 du projet fut adopté sans modification.

Cette opinion est en harmonie avec les idées anciennes qui envisageaient la lettre de change surtout comme un moyen d'exécuter le contrat de change. Il est certain que, pour la formation de ce contrat, le concours de l'accepteur n'est nullement nécessaire. Mais une conception toute différente prévaut aujourd'hui. On voit surtout dans la lettre de change un instrument de crédit et de circulation. Elle remplit l'office d'une véritable monnaie. Ces idées nouvelles devaient amener les jurisconsultes à repousser l'opinion que nous venons d'exposer. Ce système a en effet l'inconvénient d'entraver la circulation de la traite par la nécessité, d'y joindre la lettre missive contenant l'acceptation.

La négative, qui l'emporte aujourd'hui dans la doctrine[1], nous apparaît donc comme étant, au fond des choses, plus conforme aux besoins de la pratique.

---

[1] Lyon-Caen et Renault, *Précis de Droit commercial*, t. I, n° 1147.

L'acceptation écrite sur la lettre de change a cet avantage de nous placer en face d'une situation nettement définie, tandis qu'une lettre missive peut soulever des difficultés d'interprétation parfois très délicates.

De nombreux textes insérés au Code de commerce supposent l'acceptation écrite sur la traite elle-même. L'article 122 C. com. dit que l'acceptation résulte de la signature précédée du mot : *accepté*, lequel n'a de sens que s'il est mis sur la lettre même. Voir également articles 125 et 174 C. com.

D'un autre côté, un argument *a contrario* très puissant se tire de l'article 142 C. com. Cet article, permettant l'aval par acte séparé, semble bien impliquer que les parties n'auraient pas eu cette faculté en l'absence d'un texte spécial. Ce genre d'argument n'a, il est vrai, de valeur que lorsqu'il nous ramène au droit commun. Mais, en notre matière, le droit commun n'est-il pas précisément contenu dans ce principe d'après lequel la lettre de change doit constater elle-même toutes les obligations qu'elle fait naître ?

A l'argument que l'on tire dans l'opinion contraire des travaux préparatoires, on peut d'ailleurs répondre que la discussion au Conseil d'État n'a peut-être pas eu toute la netteté désirable. Elle peut, à la rigueur, être interprétée en ce sens que le tiré est obligé par la lettre qu'il a écrite, sans toutefois être tenu avec la *rigor cambialis*.

La jurisprudence a plusieurs fois varié sur ce point. La Cour de cassation, qui avait d'abord admis l'opinion que nous venons de développer en dernier lieu (Cass., 12 avril 1823, S., 23, 1, 211), a paru ensuite changer d'avis (4 juillet 1843 ; S., 43, 1, 570. — 14 mai 1862 ; D., 62, 1, 238). Nous disons : *a paru* changer d'avis, car ces arrêts ne tranchent pas la question très nettement. Depuis, la Cour suprême est d'ailleurs revenue à sa première jurisprudence. Un arrêt du 15 février 1882 (S., 83, 1, 81) adopte l'opinion qui refuse de voir dans l'acceptation par lettre missive une obligation de lettre de change. Cpr cep. *contra* : Cass., 19 novembre 1889 ; S., 90, 1, 204.

Cette opinion est d'ailleurs consacrée — avec raison, croyons-nous — par les législations étrangères les plus récentes. Voir notamment : Code de commerce belge de 1872, titre VIII, article 12 ; Code fédéral suisse sur les Obligations, du 14 juin 1881, article 739 ; Code de commerce italien de 1882, article 262 ; loi générale allemande sur le Change, article 21, al. 1.

Nota. — Ce travail ne portant que sur les *contrats* par correspondance, nous n'avons pas ici à examiner si une lettre missive peut contenir valablement certains actes juridiques qui ne sont pas des contrats, par exemple une acceptation de succession ou un testament olographe. Cpr sur ces divers points : Aubry et Rau, § 611 *bis* texte et note 3, § 668 texte et note 14.

CHAPITRE II

FORMATION DES CONTRATS PAR CORRESPONDANCE

37. — Nous voici arrivé à l'étude de la question capitale qui domine toute notre matière. Il s'agira, dans ce chapitre et dans le suivant, d'examiner à quel moment précis et par quel concours de circonstances se forme le contrat par correspondance. Ce sujet, sur lequel il a été beaucoup écrit, divise les jurisconsultes en deux camps à peu près égaux, et chacune des deux grandes théories, qui se sont fait jour sur ce point, a donné lieu à son tour à des dissidences nombreuses et à des interprétations fort diverses. Ce n'est point d'ailleurs une de ces questions qui, nées de l'obscurité d'un texte, ont été démesurément grossies par la subtilité des jurisconsultes. C'est la nature abstraite et philosophique du consentement — laquelle est la même partout — qui est en jeu. Il n'y a donc pas ici une controverse spéciale à telle ou telle législation et qui n'a d'intérêt que dans le pays où le texte qui l'a fait naître est en vigueur. Les jurisconsultes italiens et allemands ont écrit sur ce sujet autant que les commentateurs de nos Codes, et les législations les plus récentes l'ont réglementé avec assez d'étendue.

38. — Pour traiter cette matière avec clarté, il importe essentiellement de la dégager dès l'abord des complications qui peuvent l'obscurcir. C'est dans ce but que nous lui avons consacré deux chapitres distincts. Dans le premier, écartant *a priori* toutes les difficultés de nature à compliquer la question, nous examinerons simplement le point de savoir à quel moment précis se forme le contrat dans l'hypothèse la plus simple : celle où la personne qui a reçu l'offre répond qu'elle accepte purement et simplement, sans que, pendant tout ce temps, aucun changement ne se produise dans la capacité ni dans la volonté des parties. Puis, nous passerons en revue les différents intérêts de la question, principalement au point de vue du Droit international privé. Dans l'autre chapitre, nous traiterons des difficultés que peuvent faire naître le repentir, le silence, la mort ou l'incapacité de l'une des parties. L'examen des différentes manières dont ce sujet a été jusqu'ici traité nous a fait penser que ce procédé rendrait la discussion plus claire et éviterait des répétitions inutiles.

SECTION I

A QUEL MOMENT SE FORME LE CONTRAT PAR CORRESPONDANCE

39. — Voici exactement la question qu'il s'agit de résoudre : Primus, de Paris, écrit à Secundus, de Vienne,

pour lui proposer de lui vendre des marchandises, par exemple. Secundus, après avoir pris connaissance de cette lettre, répond à Primus qu'il accepte le marché proposé. La question posée est celle de savoir à quel moment précis le contrat conclu entre Primus et Secundus prendra naissance. Autrement dit, il s'agit de savoir dans l'espèce à quel moment naîtra pour Primus l'obligation de livrer les marchandises, et pour Secundus celle de payer le prix.

Dans la terminologie juridique, Primus (peu importe d'ailleurs que sa lettre contienne une offre de vente, comme dans l'espèce indiquée, ou une offre d'achat) est dit le *pollicitant* ou l'*offrant*. Secundus, à qui l'offre est faite, est dit l'*acceptant*, terme un peu inexact, car il peut se faire qu'il n'accepte pas. Aussi les jurisconsultes allemands ont-ils forgé un mot pour le désigner : ils disent *der Oblat* pour indiquer celui à qui une offre a été adressée.

40. — Deux opinions principales se sont formées.

L'une exige le concours des volontés du pollicitant et de l'acceptant. Elle dit : le lien obligatoire naît *au moment où Primus a pris connaissance de la lettre d'acceptation de Secundus*. Cette théorie est appelée système de l'*information*, système de la *recognition*, ou encore système de la *rescision* (*resciscere*). Les Allemands la désignent d'un seul mot : *Vernehmungstheorie*. Mais les auteurs qui l'adoptent ne sont pas tous d'accord sur la portée qu'il convient de lui attribuer. Quelques-uns, en effet, refusent de l'appliquer à certains contrats.

La seconde opinion se contente de la COEXISTENCE des volontés. D'après elle, le lien obligatoire se forme *au moment où la volonté de l'acceptant vient se joindre à celle de l'offrant*. C'est le système de la *déclaration* ou de l'*agnition*, que les jurisconsultes allemands appelent *Aeusserungstheorie*.

Mais quel est ce moment? Ici les partisans de ce système ne sont pas d'accord.

Les uns disent : le contrat se forme *au moment où Secundus ayant pris connaissance des offres de Primus se décide à les accepter*, et répond par une lettre d'acceptation. C'est le système de la déclaration pure et simple appliqué dans toute sa rigueur.

Les autres disent : le contrat se forme *au moment ou Secundus se dessaisit de la lettre d'acceptation*. C'est le système de l'*expédition (Uebermittlungstheorie)*.

Enfin, une troisième sous-théorie qui, en fait, se rapproche beaucoup de la première opinion, dit : le lien obligatoire naît *au moment où la lettre d'accep-tation est arrivée chez l'offrant*. C'est le système de la *réception (Empfangstheorie)*.

Nous aurons en outre à examiner deux autres opinions, une théorie mixte due à M. Windscheid

(*gemischte Theorie*), et une théorie fort originale que
M. Kœppen appuie sur le Droit romain dans un article
remarquable où sont savamment exposés tous les systèmes dont nous venons de donner la nomenclature
(*Der obligatorische Vertrag unter Abwesenden*, article paru dans la revue publiée à Iéna sous le titre :
*Iahrbücher für die Dogmatik des heutigen römis-
chen und deutschen Privatrechts*, année 1871, t. XI,
p. 139 à 393) [1].

Nous allons maintenant examiner successivement
ces différents systèmes, en suivant l'ordre dans lequel
nous venons de les indiquer sommairement.

§ 1er. — *Théorie de l'information*
(Vernehmungstheorie).

41. — Dans cette opinion, le lien obligatoire n'existe
qu'à partir du moment où le pollicitant a pris connaissance de la volonté de l'autre partie d'accéder à
la proposition à elle faite. Il faut que l'offrant connaisse
le consentement de l'acceptant, qu'il en soit informé.
C'est à quoi font allusion les termes : système de l'information, de la recognition, de la rescision (*resciscere*

---

[1] Tous ces systèmes sont également bien analysés par A. Rivier,
Revue de Droit international et de législation comparée (de Gand),
1872, t. IV, p. 533.

dans le sens de *cognoscere*), par lesquels on désigne cette théorie.

S'agissant d'un contrat par correspondance, cette opinion revient à dire pratiquement : il faut que celui qui a écrit la lettre d'offres *ait lu* la lettre d'acceptation; il ne suffit pas qu'il l'ait reçue.

Les partisans de cette doctrine l'appuient d'abord sur la notion même du consentement, telle qu'elle résulte d'après eux des principes philosophiques qui forment la base scientifique du Droit. Ils insistent en outre sur la nécessité de consacrer en pratique une certaine solution qui, logiquement, ne peut être admise que dans leur système. Enfin, sous l'empire de la législation française, on invoque de plus un argument de texte tiré de l'article 932 C. civ.

42. — *a) Argument philosophique.* — « La possession « de l'arbitre d'une autre personne comme faculté de « la déterminer par mon propre arbitre à une certaine « action compatible avec les lois de la liberté est un « droit [1] ». C'est en s'appuyant sur cette définition de Kant que, dans un discours de rentrée à la Cour d'appel de Gand, prononcé le 16 octobre 1882 [2], discours très élevé au point de vue philosophique,

---

[1] Kant, *Principes métaphysiques du Droit*, trad. Tissot, 1ᵉ partie, chap. II, sect. 2, § 18, p. 103.
[2] *Belgique judiciaire*, année 1882, t. XX, n° 89.

M. Wurth établit le système de l'information. De cette définition il résulte en effet, qu'avant d'avoir lu la lettre d'acceptation, l'offrant n'a pas, pour employer les expressions du philosophe allemand, *la possession de l'arbitre* de l'autre partie ; par suite, il n'a pas encore de droit contre l'acceptant. Pour qu'il y ait lien obligatoire, il faut que les parties connaissent réciproquement leur volonté de contracter. Sinon, il n'y a pas concours de volontés, il n'y a pas véritablement accord entre les parties.

43. — Dans tous les contrats d'ailleurs, ajoute M. Wurth, qu'ils soient passés entre présents ou entre absents, la manifestation simultanée du consentement de toutes les parties est en quelque sorte impossible, *car l'expression de leur volonté se succède nécessairement dans le temps.* Dans une convention conclue oralement, les contractants ne peuvent pas parler tous ensemble et il faut absolument que l'un d'eux s'explique le premier. Les formalités extérieures consistant à briser un fétu de paille ou à se frapper dans les mains et toutes les confirmations faites de part et d'autre des déclarations antérieures prouvent l'embarras des contractants et leurs efforts pour représenter comme existant simultanément dans le temps des déclarations qui, en fait et nécessairement, sont toujours successives. Les contrats faits, par correspondance ou autrement, entre personnes éloignées ne se distinguent donc pas

essentiellement des contrats conclus entre présents. La différence consiste uniquement en ce que l'intervalle qui s'écoule entre l'expression des volontés des parties, le *tractus temporis*, est plus long dans un cas que dans l'autre. Mais cette différence, qui est toute de fait, ne change rien aux termes du problème, et, dans tous les cas, il y a lieu d'appliquer les mêmes principes. Or, dans un contrat entre présents, tant que l'offrant n'a pas entendu la réponse, le contrat n'est pas formé. Cela n'est contesté par personne. Jusqu'à ce moment, il n'y a chez l'acceptant qu'un simple *propositum in mente retentum* impuissant par lui-même à produire des effets juridiques, parce que la manifestation extérieure lui fait défaut. Eh bien, et puisque la même règle doit être suivie, ce qui est vrai des contrats conclus oralement doit être également vrai des contrats formés par correspondance. Dans un cas comme dans l'autre, les volontés ne concourent que lorsqu'elles sont connues. Jusque-là, il n'y a pas accord, il n'y a pas contrat.

44. — A ces considérations on ajoute — c'est la contre-partie de ce raisonnement — une démonstration par l'absurde. Supposons un instant, disent les partisans du système de l'information, que l'acceptation pure et simple suffise et que le contrat soit formé avant que le pollicitant en ait connaissance. Voyons quelques-unes des conséquences pratiques qui en ré-

sulteraient. Un sourd propose un contrat; celui à qui l'offre est faite accepte et répond: « oui », sans manifester son adhésion autrement que par des paroles. Le sourd serait donc lié par une déclaration de volonté restée incompréhensible pour lui parce qu'il ne l'a pas entendue? De même, celui à qui une offre est faite et qui a demandé un certain délai pour réfléchir déclare son intention d'accepter devant le pollicitant endormi. Faut-il donc admettre que ce dernier est lié par ces paroles prononcées pendant son sommeil? Et pour revenir à l'hypothèse d'un contrat par correspondance, supposons qu'au moment où Primus écrit à Secundus pour lui offrir cent hectolitres de blé à raison de vingt-cinq francs l'hectolitre, Secundus écrive à Primus pour lui demander la même quantité de blé aux mêmes conditions. Dira-t-on que le contrat est formé et que les parties sont liées dès que les lettres sont écrites ou envoyées, et avant qu'aucun des contractants ait connaissance de la volonté de l'autre? Non. Dans toutes ces hypothèses le contrat n'est pas formé. Pourquoi? L'empêchement ne peut consister qu'en ce que le consentement de l'un des contractants n'a pas été porté à la connaissance de l'autre. C'est donc que cette connaissance de l'union des volontés est nécessaire au consentement [1].

[1] Toute cette argumentation est fort bien exposée par Kœppen, *loc. cit.*, p. 2ͽ7.

45. — Pour conclure, présenté sous l'une quelconque des trois formes que nous venons d'exposer, l'argument est en définitive toujours le même. Il revient à dire ceci. *La connaissance de l'accord des volontés est un élément essentiel à l'existence du consentement.* Le consentement donné par l'une des parties n'est parfait qu'à partir du moment où elle a conscience du consentement de l'autre. Jusque-là il lui manque quelque chose, il reste incomplet, *et il n'y a pas encore de contrat parce qu'il n'y a pas encore de consentement.*

Cette notion du consentement est éminemment philosophique. L'homme, libre et responsable, peut s'engager par des contrats, mais, pour cela, le consentement qu'il donne doit être libre lui-même, et il ne l'est qu'à la condition d'être éclairé. C'est pourquoi le fou, ne pouvant consentir, ne peut contracter. Or celui qui consent sans connaître la volonté de son co-contractant n'a pas une conscience exacte de la situation; il ne peut pas donner un consentement véritablement éclairé, susceptible de l'engager. C'est seulement à partir du moment où il connaîtra la volonté de l'autre partie que son consentement sera éclairé et par suite obligatoire.

Et cette théorie du consentement, ajoute-t-on, est si vraie, elle est tellement dans la nature des choses, qu'en remontant dans l'histoire du Droit on en trouve des applications inconscientes faites par d'anciens législateurs à l'esprit desquels ces abstractions philosophiques avaient été certainement étrangères. Pourquoi, en effet, un sourd ne pouvait-il, en Droit romain, intervenir ni comme stipulant ni comme promettant dans la stipulation ? Aucun obstacle matériel ne s'opposait cependant à ce qu'un sourd accomplît les formalités exigées. Mais le sourd ne pouvait pas *exaudire solemnia verba* (L 1, § 15, D., *de Obl. et act.*). Or, l'audition des paroles solennelles n'était pas, à proprement parler, une condition de forme spéciale à la stipulation. Cette exigence ne pouvait se justifier que comme étant la manifestation particulière à ce contrat du principe général d'après lequel le consentement n'oblige que s'il est accompagné de la connaissance du consentement réciproque[1].

46. — *b) Argument tiré de la nécessité de permettre à l'acceptant de retirer son acceptation tant qu'elle n'est pas encore connue du pollicitant.* — L'argument philosophique a évidemment une très grande portée; mais, s'il avait été le seul invoqué en faveur du système de l'information, peut-être cette théorie eût-elle rencontré beaucoup moins d'adhésions en jusrisprudence et en doctrine. La majorité des auteurs

___
[1] Kœppen, *loc. cit.*

et des arrêts qui se sont ralliés à cette opinion a été en effet entraînée, ainsi que le prouve une lecture attentive, par la considération suivante.

Supposons que le contrat soit formé au moment où la partie, à laquelle l'offre est faite, a déclaré sa volonté de l'accepter. Que va-t-il en résulter? Dès ce moment les parties seront liées, et il sera impossible à chacune d'elles de revenir sur son consentement. L'acceptant, en particulier, ne pourra pas révoquer une adhésion encore inconnue du pollicitant, alors qu'en fait rien ne serait plus facile pour lui que d'envoyer un télégramme qui arriverait avant sa lettre et par lequel il retirerait l'acceptation primitivement donnée.

Cette conséquence a paru à beaucoup d'esprits rigoureuse et peu équitable. En fait, elle est particulièrement regrettable depuis que la télégraphie a fourni à chaque partie un moyen commode de se déjuger sans préjudice pour l'autre. Aussi les partisans du système de l'information se sont-ils appliqués à en faire ressortir les inconvénients. Ils ont présenté leur raisonnement sous des formes diverses; mais, au fond, c'est toujours la même préoccupation qui les hante : il faut permettre à l'acceptant de retirer son consentement tant qu'il peut le faire sans dommage pour le pollicitant, c'est-à-dire, disent-ils, tant que ce dernier n'a pas lu la lettre d'acceptation.

47. — Merlin[1] présente sa démonstration sous la forme d'une comparaison. Je me trouve, dit-il, en présence d'un sourd qui m'offre de me vendre une chose. Je lui réponds que j'accepte, mais, ne m'entendant pas, il demande une réponse par écrit. Alors, après réflexion, je lui transmets la réponse écrite suivante : « Je vous ai dit que j'acceptais, mais, toutes réflexions faites, votre proposition ne me convient pas. » L'offrant pourra-t-il prétendre que, par ma première réponse, je me suis lié irrévocablement envers lui ? Certainement non.

Plus loin, Merlin suppose une voûte acoustique disposée de façon telle que les paroles prononcées à l'une des extrémités de la salle n'arrivent à l'autre qu'après cinq minutes. Les parties sont placées à chaque bout de la salle. Si, dit Merlin, après avoir répondu : « oui », par le tube acoustique, je me précipite vers l'offrant et lui déclare de vive voix que je refuse, avant que mon acceptation ne soit parvenue à son oreille, le contrat ne sera pas formé.

Eh bien ! conclut Merlin, ce qui est vrai de la réponse faite au sourd et de celle transmise par la voûte acoustique, doit être également vrai d'une acceptation par lettre missive. Dans ce cas comme dans les deux premiers l'acceptant peut révoquer,

---

[1] *Répertoire*, v° *Vente*, § 1, art. 3, n° 11 *bis*.

et s'il le peut, c'est donc que le contrat n'est pas encore formé.

Ailleurs, le même auteur présente sa démonstration sous une autre forme. La lettre, dit-il, est un mandataire muet. *Epistola non contrahit, sed nuntiat dominum contrahere*, dit Cujas [1]. Or c'est un principe élémentaire que le mandant peut révoquer le mandat tant qu'il n'est pas rempli. Donc, conclut Merlin, je puis révoquer la lettre que je vous ai adressée, tant qu'elle ne vous est pas parvenue, tant qu'elle ne vous a pas porté les paroles dont je l'avais chargée pour vous.

On fait aussi remarquer dans le même sens que refuser à l'acceptant le droit de révoquer son acceptation tant qu'elle n'est pas connue de l'offrant, c'est détruire l'équilibre entre les parties. Le pollicitant, en effet, dit-on, peut retirer ses offres tant qu'elles ne sont pas connues du destinataire [2]. Or, pour que l'égalité entre les contractants soit respectée, il faut accorder à celui à qui l'offre est faite la faculté de retirer son acceptation tant qu'elle n'est pas connue de l'offrant.

Ainsi, sous quelque forme qu'il soit présenté, l'argument aboutit toujours en définitive à cette conclu-

---

[1] Sur le titre *Si quis alteri vel sibi emerit*, au Code, IV, 50.

[2] Il peut même les retirer après cette époque, tant que le contrat n'est pas encore formé.

sion : — Les principes du droit et l'équité exigent que, pendant le temps qui s'écoule entre l'envoi de la lettre d'acceptation et la connaissance qu'en a prise le pollicitant, l'acceptant puisse révoquer ; or cela ne lui est logiquement possible que s'il n'est pas encore engagé dans les liens du contrat ; par conséquent, il faut repousser à une époque postérieure le moment où le contrat prend naissance.

48. — c). *Argument de texte.* — Enfin, un dernier argument en faveur du système de l'information, mais qui n'a de valeur que sous l'empire du Code civil français actuel, se tire de l'article 932 C. civ. D'après ce texte, lorsque l'acceptation d'une donation a lieu par un acte postérieur, « la donation n'aura d'effet à l'égard du donateur que du jour où l'acte qui constatera cette acceptation lui aura été notifié ». Or, ce n'est là, dit-on, que l'application du principe général d'après lequel l'acceptation ne produit son effet qu'à partir du moment où elle est connue du pollicitant.

On objecte, il est vrai, dans l'opinion contraire, que l'article 932 C. civ. ne dit pas : « le contrat n'est pas formé » ; il dit simplement que, jusqu'à la notification, la donation n'a pas d'effet *à l'égard du donateur,* laissant entendre par là que le contrat de donation est néanmoins déjà parfait à l'égard du donataire. — Mais à cela on répond : Si la donation n'a pas d'effet vis-à-vis du donateur, elle ne peut pas non plus en avoir vis-à-vis du donataire. Un contrat est ou n'est pas ; mais il ne peut pas exister pour l'une des parties sans exister en même temps pour l'autre. Nier l'obligation du donateur, c'est nier le droit du donataire [1].

Cette interprétation de l'article 932, ajoutent les partisans du système de l'information, a d'ailleurs été consacrée — implicitement, il est vrai — par la Cour suprême. En décidant que la donation suivie d'une acceptation par acte séparé est nulle si l'acceptation, bien qu'intervenue du vivant du donateur, n'a été notifiée qu'après son décès, la Cour de cassation consacre, en effet, une des conséquences caractéristiques du système d'après lequel le contrat de donation ne prend naissance qu'au moment de la notification (Cass., 18 novembre 1861 ; S., 62, 1, 89).

49. — LÉGISLATION, JURISPRUDENCE ET DOCTRINE. — La théorie de l'information a été législativement consacrée par le Code civil autrichien, chapitre XVII, § 862, et par le Code de commerce de Buenos-Ayres, (art. 204). Elle a été proposée par M. Laurent dans son *Avant-projet de revision du Code civil* [2], où le contrat est défini : un *concours* de consentement (art. 1051), et où l'on trouve un article 1058 ainsi

---

[1] Baudry-Lacantinerie, *Précis de Droit civil*, t. II, n° 448.
[2] T. IV, p. 25.

conçu : « Le consentement se forme par le concours
« de l'offre et de l'acceptation. L'acceptation donnée
« par lettre n'oblige le pollicitant que lorsqu'elle est
« parvenue à sa connaissance. Le contrat se forme
« au lieu où l'offre a été faite et où l'acceptation a
« été reçue. »

50. — Cette opinion a été également consacrée
plusieurs fois par la jurisprudence en Allemagne, en
France et en Belgique.

En France, deux arrêts de Cour d'appel, l'un de la
Cour de Bourges, du 19 janvier 1866 (S., 1866, 2, 218),
l'autre de la Cour de Chambery, du 8 juin 1877
(S., 1877, 2, 252), ont décidé que la convention formée
par lettre missive entre deux personnes habitant des
villes différentes n'est parfaite qu'au moment et au lieu
où parvient à son destinataire la réponse à des propositions antérieurement faites. De là ces arrêts concluent que le tribunal de ce lieu est compétent, par
application de l'article 420, 3°, C. pr., comme étant
celui dans l'arrondissement duquel la promesse a été
faite et la marchandise livrée. L'arrêt précité de la Cour
de Bourges fut déféré à la Cour de cassation. Celle-ci
confirma l'arrêt (Cass., 6 août 1867 ; S., 67, 1, 400),
mais, évitant de se prononcer sur le côté délicat de la
question, elle décida que le point de savoir quand le
contrat par correspondance est formé était une question de fait dont la solution pouvait varier avec chaque

espèce. Décision détestable, quel que soit le système auquel elle doive momentanément profiter, car un pouvoir d'appréciation laissé au juge du fait sur un point qui engage les principes généraux du Droit sur les conditions d'existence des contrats, c'est l'anarchie introduite dans la jurisprudence par la Cour suprême elle-même.

Certaines décisions plus récentes ont été également prononcées dans le sens du système de l'information. V. jugement du tribunal de commerce de Marseille du 17 septembre 1885 (*Journal de jurisprudence commerciale et maritime de Marseille*, 1886, 1re partie, p. 5). Cpr également un arrêt de la Cour de Poitiers, du 11 mars 1889 (*Bulletin de la Cour d'appel de Poitiers*, avril 1889, p. 103) [1].

En Belgique la théorie de l'information a été

---

[1] Cette dernière décision — la plus récente à notre connaissance sur la question — est remarquable parce que, dans l'espèce, le débat roulait directement sur le point de savoir si le contrat était ou non formé au moment, où l'acceptation de l'offre avait eu lieu, mais n'était pas encore connue du pollicitant. La Cour a pris nettement position dans le sens de la négative « Attendu, dit-elle, « qu'il est de principe en matière de contrat, que, pour qu'il y ait « engagement, le concours simultané des volontés est indispen- « sable : — que ce concours doit être réel, effectif et ne laisser « aucun doute sur l'accord intervenu entre les parties, et sur l'as- « sentiment réciproque : — qu'il ne suffit pas en effet qu'une « réponse affirmative à la demande soit donnée ; — qu'il faut de « plus que cette acceptation parvienne en fait, avant toute rétrac- « tation de l'offre, à la partie qui a fait la proposition ; — qu'alors « et à ce moment seulement, la condition de réciprocité et de « simultanéité dans le concours des volontés, nécessaire à la cons- « titution du contrat, est définitivement acquise. »

nettement consacrée par un arrêt longuement et forte-
ment motivé de la Cour de Bruxelles, du 25 février
1867 (S., 68, 2, 182). « Attendu, dit la Cour, qu'il n'y
« a de consentement réel que celui qui a rempli son
« but, c'est-à-dire qui est parvenu à la partie à qui il
« était destiné, — que c'est lui seul qui saisit le desti-
« nataire et que c'est de lui seul que le destinataire
« peut prendre possession, — que le consentement
« encore ignoré de celui à qui il est transmis est pour
« ce dernier comme s'il n'existait pas, que c'est unique-
« ment par la connaissance mutuelle de leurs volontés
« que les parties peuvent savoir qu'elles sont liées
« l'une envers l'autre, qu'il serait peu juste d'obliger
« celle-ci alors qu'elle ignorerait si celle-là con-
« sent... » Cet arrêt a fait jurisprudence en Belgique.
V. not. Bruxelles, 1 décembre 1884, et Liège, 22 avril
1885 (*Pasicrisie*, 1885, 2, 303 et 305 et *Journal du
Droit international privé*, 1886, p. 369).

51. — C'est également en ce sens que de nombreux
auteurs se sont prononcés. Comme cette question
touche à la fois au Droit civil, au Droit commercial et
au Droit international privé, il en résulte que tous les
jurisconsultes qui ont écrit des traités généraux sur
ces différentes branches du Droit ont été appelés à
donner leur avis. C'est ainsi que Toullier [1] et Trop-

---

[1] *Droit civil*, livre III, titre 3, n° 29.

long [1] parmi les commentateurs du Code civil, Pardessus [2] et Massé [3], parmi les auteurs qui ont écrit sur le Droit commercial, Laurent [4] et Pasquale Fiore [5], parmi les jurisconsultes qui se sont occupés du Droit international, ont adopté la théorie de l'information. Ce ne sont là d'ailleurs que des exemples, et une énumération complète sur ce point serait aussi longue qu'inutile. Mieux vaut, pour l'intelligence complète du sujet, entrer dans quelques détails sur certaines dissidences qui se sont produites parmi les partisans de la théorie de l'information, car bien peu l'admettent dans toute sa rigueur.

52. — Systèmes dissidents. — Parmi les auteurs anciens, Grotius [6], remarquant que celui a qui on offre une libéralité l'acceptera très probablement, tandis qu'au contraire rien n'est moins certain que l'acceptation d'une personne à laquelle on propose un marché onéreux pour elle, établissait une distinction entre les actes à titre gratuit et les actes à titre onéreux. Pour les premiers l'acceptation suffisait, d'après Grotius, mais pour les seconds, il fallait de plus que

---

[1] *Vente*, n° 22. — *Louage*, n° 105.
[2] *Droit commercial*, I, n° 250.
[3] *Droit commercial*, II, n° 94; IV, n° 24.
[4] *Droit civil international*, t. VII, n° 447. — Cpr. *Principes de Droit civil*, t. XV, n° 479.
[5] *Diritto internazionale privato*, n° 247, p. 338.
[6] *De jure belli ac pacis*, lib. II, cap. 11, § 15.

cette acceptation fut connue de l'acceptant. « *Illud quæri solet*, dit cet auteur, *an satis sit acceptationem fieri, an vero etiam innotescere debeat promissori, antequam promissio plenum effectum consequatur. Et certum est utroque modo fieri posse promissionem : aut hoc modo : « Volo ut valeat si acceptetur, » aut hoc modo : « Volo ut valeat si acceptatum intellexero. » Et in his quidem quæ ad mutuam obligationem pertinent, posterior sensus præsumitur; in promissis vero mere liberalibus, potius est ut prior sensus credatur adfuisse, nisi aliud appareat. »*

Cette distinction, basée sur une considération de fait exacte en elle-même — à savoir que le pollicitant a des raisons plus sérieuses de croire que son offre sera acceptée lorsqu'elle est purement gratuite —, a séduit certains auteurs modernes. Sans l'adopter de tous points, M. Flandin[1] a développé avec complaisance l'opinion de Grotius. De même, M. de Vangerow[2], partisan en principe de la *Vernehmungstheorie*, fait exception pour le cas où la pollicitation constitue un avantage évident au profit de celui à qui elle est adressée (*wewn der angebotene Vertrag den ausschliesslichen Vortheil des Beantragten bezweckt*), par exemple lorsque le pollicitant offre à l'autre partie

---

[1] De la vente par correspondance. *Revue du notariat et de l'enregistrement*, 1869, t. X, p. 561 et 641.

[2] *Lehrbuch der Pandekten*, § 603, *Anm*. I, n° 3, t. III, p. 251.

de se porter caution pour elle ou de lui faire une donation.

Mais ce tempérament apporté au système de
l'information doit être rejeté, quelque opinion que l'on
adopte. Une circonstance qui est toute de fait ne
saurait, en effet, influer sur les principes mêmes du
droit. Si le consentement de l'acceptant est plus probable dans le cas de contrat à titre gratuit, cela
n'empêche pas que le pollicitant n'aquiert la certitude
de cette acceptation que lorsqu'il a lu la lettre qui la
contient. Au point de vue de la législation française
actuelle, il y a d'ailleurs lieu de remarquer que la
distinction proposée par Grotius est en contradiction
avec l'argument tiré de l'article 932 C. civ. Chose
bizarre, en effet, cette opinion écarte le système de
l'information précisément dans le seul cas où le Code
civil semble le consacrer ! C'est ce qui explique
pourquoi M. Flandin, tout en étant partisan en principe de la doctrine de la rescision, se garde bien d'invoquer l'argument tiré de l'article 932. Mais c'est
aussi ce qui démontre péremptoirement que le tempérament relatif aux actes à titre gratuit doit être
rejeté sans hésitation sous l'empire de notre Code
civil.

53. — Cette idée, que l'acceptation est plus probable
dans certaines hypothèses, a suggéré à certains auteurs un autre tempérament, qui leur a paru com-

mandé à la fois par les nécessités de la pratique et
la rapidité des affaires commerciales. C'est ainsi
qu'un auteur allemand, Wachter [1], fait exception pour
le mandat, et que MM. Delamare et Lepoitvin, dans leur
Traité théorique et pratique de Droit commercial,
après avoir admis le système de l'information (tome I,
n°s 104 et suiv.), apportent une exception à cette
théorie, s'agissant du contrat de commission, lorsque
la pollicitation émane du commettant (tome II, n°s 57
et suiv.). « La commission, disent ces auteurs,
perdrait tous ses avantages, elle deviendrait souvent
illusoire et inexécutable s'il fallait toujours attendre
pour la remplir que les volontés fussent respective-
ment connues. » Cette solution est en harmonie parfaite avec les nécessités de la pratique commerciale;
mais, pour la commission comme pour le mandat,
théoriquement, où est la raison de distinguer?

54. — M. Larombière [2] apporte au système de
l'information, qu'il adopte en principe, un tempérament encore plus dangereux. Si, dit cet auteur, l'une
des parties meurt ou devient incapable après l'acceptation, mais avant qu'elle soit parvenue au pollicitant, le contrat n'en subsiste pas moins. — Mais ceci
est plus qu'une réserve apportée à la théorie de la
recognition; c'est la négation même de cette théorie

---

[1] *Archiv für die civilistische Praxis*, 1836, t. XIX, p. 114.
[2] *Théorie et pratique des obligations*, art. 1101, n°s 19 et 20.

dans sa conséquence la plus directe. Dans le système de l'information, en effet, il est essentiel que les parties soient vivantes et capables au moment où le pollicitant prend connaissance de la lettre d'acceptation, puisque c'est à ce moment là seulement que le contrat se forme. En réalité, M. Larombière admet cumulativement *et pour un même contrat* deux théories exclusives l'une de l'autre. Si l'acceptant meurt avant que sa lettre ne soit arrivée au pollicitant, le contrat est formé (théorie de la déclaration). Si au même moment l'acceptant révoque, alors, le contrat n'est pas encore formé (théorie de l'information). Pourquoi cette distinction ? M. Larombière en donne cette raison qui vaut la peine d'être méditée. « Tant que l'acceptation n'est pas connue, les parties peuvent se rétracter ; *le contrat n'est imparfait qu'à cause de cette faculté de révocation ;* or, l'effet même de la mort ou de l'incapacité est de rendre toute rétractation impossible. » Autrement dit, en langage vulgaire : « Si j'ai adopté la théorie de l'information, c'est simplement pour permettre à l'acceptant de se rétracter tant que son consentement n'est pas connu du pollicitant, mais, ce motif n'étant plus en jeu, je n'ai plus de raison pour tenir à mon opinion, et je me hâte de l'abandonner. »

Rapprochez maintenant cette opinion de M. Larombière du système préconisé par Serafini, adopté par les législations suisse et allemande : le contrat est formé dès que l'acceptation est déclarée, mais, par faveur pour l'acceptant, on lui permet *utilitatis causa* de retirer son consentement pourvu que la révocation arrive au pollicitant avant ou, au plus tard, en même temps que l'acceptation. Le résultat est bien près d'être le même, si le point de départ est différent[1]. D'un côté comme de l'autre, la saine raison et la nécessité pratique font céder, dans un but d'utilité identique, la rigidité primitive des systèmes. Progrès incontestable aux yeux de tous ceux qui pensent que le Droit est fait pour être appliqué à des hommes et non à des unités mathématiques, qu'un législateur n'est pas un géomètre, et que l'idéal en matière juridique n'est pas un enchaînement de théorèmes se déroulant suivant les règles d'une logique inéluctable.

§ II. — *Théorie de l'agnition* (Aeusserungstheorie)

55. — La théorie de l'agnition ou de la déclaration se contente de la *coexistence* des volontés. Dans cette

---

[1] Il y a cependant cette différence : la lettre de révocation *expediée avant la réception de la lettre d'acceptation mais reçue après*, efficace d'après M. Larombière, reste sans effet dans les législations suisse et allemande.

doctrine, le lien obligatoire se forme au moment où la volonté de l'acceptant vient se joindre à celle de l'offrant.

Dans l'exposé des arguments invoqués par cette opinion, nous nous placerons successivement, comme nous l'avons fait pour la théorie de l'information, d'abord au point de vue philosophique et rationnel et ensuite au point de vue des textes. Quant à l'argument tiré de la nécessité de permettre à l'acceptant de révoquer son acceptation tant qu'elle n'est pas connue du pollicitant, nous n'essayerons pas de le réfuter : nous dirons plus loin, en effet, que nous pensons qu'il y a lieu d'apporter sur ce point un tempérament à la théorie de l'agnition, laquelle d'ailleurs nous adoptons pour le surplus.

Ayant ainsi établi le système de la déclaration , nous aurons alors à choisir parmi les différentes sous-théories entre lesquelles il se partage.

56. — *a) Point de vue philosophique et rationnel.* Les partisans du système de l'agnition reprochent tout d'abord à la théorie de l'information ses inconvénients pratiques. Cette opinion a en effet le tort grave d'imposer à l'acceptant une preuve qui, le plus souvent, sera impossible à fournir. Pour prouver l'existence du contrat, il devra démontrer, non seulement que le pollicitant a reçu la lettre d'acceptation — ce qui lui

serait facile en la faisant recommander —, mais encore qu'il l'a lue, car, dans le système de l'information, pour qu'il y ait concours de volontés, il est nécessaire que l'offrant ait pris connaissance de cette lettre. Il ne suffirait même pas à l'acceptant de démontrer que sa lettre a été décachetée ; il doit établir *qu'elle a été lue* par le pollicitant. Or, nul n'est obligé de lire les lettres qui lui sont adressées. Donc, si l'offrant nie avoir lu la lettre qu'il a ouverte dans la solitude de son cabinet, le matin, en dépouillant son courrier, comment l'autre partie pourra-t-elle prouver le contraire ?

A cette considération déjà très sérieuse, on ajoute : le système de l'information a pour effet de retarder sans nécessité la formation du contrat en la compliquant d'une formalité gênante. Or, ces retards sont d'autant plus regrettables que les personnes qui contractent le plus souvent par correspondance — les commerçants — sont précisément celles dont les affaires requièrent la plus grande célérité.

57. — Aussi, la plupart des partisans du système de l'information apportent-ils à leur opinion certains tempéraments. Mais en le faisant ils ne s'aperçoivent pas qu'ils détruisent la base même de leur argumentation. Ils ne voient pas, dit Kœppen[1], qu'une notion fondamen-

---

[1] *Loc. cit.*, p. 292.

tale n'admet pas d'exceptions (*dass ein Begriff kein Ausnahme zulässt*). D'après ces auteurs, en effet, le consentement implique, par définition, la conscience de l'accord des volontés. Or, prétendre que l'essence du contrat réside dans le consentement et que le consentement consiste dans la connaissance de l'accord des volontés, puis ajouter que certains contrats peuvent devenir parfaits sans que l'acceptation soit connue de l'offrant, c'est en fait avancer cette proposition : il existe certains contrats dénués des éléments essentiels à leur existence (*es giebt Verträge, welche das Wesen des Vertrages verleugnen*). Dans l'espèce, cela revient à dire : il y a des contrats qui existent valablement, bien que les conditions constitutives du consentement fassent défaut ; il y a des contrats qui se forment sans consentement. Or, un contrat sans consentement, c'est un non-sens.

L'argument capital des partisans du système de l'information, celui qui forme la base de tout leur raisonnement, consiste en effet à dire : un consentement inconnu de celui auquel il s'adresse est comme s'il n'existait pas, n'est qu'un *propositum in mente retentum* ; il n'y a consentement, accord de volontés que lorsque les parties connaissent réciproquement leur intention arrêtée de contracter. Par suite, ainsi que cela vient d'être démontré, il faut, ou admettre le système de l'information dans toute sa rigueur, ou laisser de côté cet argument, mais alors toute la théorie s'écroule.

58. — Est-il donc nécessaire d'admettre cet argument et par suite l'opinion rigoureuse qui en découle ? Point ; et, quelque soit le point de vue auquel on se place, il est facile d'y répondre.

En ce qui concerne tout d'abord le consentement de l'acceptant, on ne peut pas dire qu'il ne soit pas donné en connaissance de cause, car l'acceptant, au moment où il manifeste sa volonté, connaît le consentement de l'offrant. — Mais, dit-on, le consentement de l'acceptant encore ignoré du pollicitant est pour lui comme s'il n'existait pas. — C'est là une erreur grossière. Dès que la volonté de l'acceptant est exprimée, elle cesse d'être un simple *propositum in mente retentum*. Qu'importe que le pollicitant l'ignore ? Ce consentement n'en a pas moins une existence extérieure et l'écriture par laquelle il est manifesté en rend la preuve facile. Cette circonstance qu'il est inconnu ne l'empêche pas d'exister, et n'est-ce pas ici le lieu de dire avec le jurisconsulte romain : *Quæ per rerum naturam sunt certa non morantur obligationem, licet apud nos incerta sint* [1] ?

D'ailleurs, s'il était vrai de dire que l'acceptation encore inconnue du pollicitant n'est qu'un simple *pro-*

---

[1] § 6, Inst., III, 16, *de Verb. obl.*

positum in mente retentum, le rôle de l'acceptant ne serait pas fini. Il lui resterait à mettre à exécution ce qui n'est encore qu'un projet resté dans le for intérieur. Or, de l'aveu de tous, l'acceptant n'a plus rien à faire. Tous les partisans du système de l'information admettent qu'une fois qu'il s'est dessaisi de son acceptation, l'acceptant n'a plus qu'à attendre les événements. Son rôle est fini ; c'est donc qu'il l'avait rempli jusqu'au bout.

59. — Dira-t-on maintenant que, si le contrat n'est pas formé, c'est parce que le consentement de l'offrant est encore imparfait ? L'argument est dangereux. On dit : la volonté du pollicitant encore ignorant de l'acceptation reste inefficace, parce que la conscience de l'accord simultané des volontés est un élément essentiel du consentement. Mais ce raisonnement prouve trop. Il aboutirait en effet à la négation même de la faculté de contracter par correspondance. Aucun des contractants n'est sûr *à un moment déterminé* que l'autre a persisté dans son consentement — c'est la conséquense forcée de leur éloignement — ; par suite, le consentement qu'il peut manifester *à ce moment-là* est donné dans l'ignorance de la volonté *actuelle* de l'autre partie. Au moment où il consent, l'acceptant ne sait pas si le pollicitant est toujours dans les mêmes dispositions. Rien ne dit au pollicitant qu'au moment où il lit la lettre d'acceptation l'autre partie n'a pas

changé d'avis. Il ne pourra *jamais* y avoir *concours* de volonté entre absents, au sens où l'entendent les partisans du système de l'information.

L'usage de la correspondance est, en effet, manifestement insuffisant pour obtenir ce concours de volonté, parce que, au moment où une lettre est reçue, rien ne prouve que celui qui l'a écrite n'a pas changé d'avis. Pour s'en assurer, il faudrait une série de réponses du pollicitant à l'acceptant, de l'acceptant au pollicitant, et ainsi de suite *in infinitum*. On aboutit à un cercle vicieux. Tout contrat par correspondance devient impossible [1].

60. — *b) Argument de texte*. Reste la question des textes. Le système de l'agnition, ainsi établi au point de vue rationnel, doit-il être admis en France sous

[1] On a encore présenté, en faveur de la théorie de la déclaration, d'autres arguments ; mais ils sont loin d'être tous également probants. Ainsi, M. Emile Cadrès (*Revue du Droit français et étranger*, 1844, t. I, p. 790) a voulu raisonner par analogie du cas suivant : Primus et Secundus contractent *inter præsentes*. Primus signe aujourd'hui l'acte chez le notaire ; Secundus signe le lendemain. L'acte est complet à partir de la date de la dernière signature, bien que Primus n'en prenne connaissance que plus tard. Cela est de pratique constante, et jamais il n'est venu à l'esprit de personne d'exiger la communication postérieure de l'acte à Primus. — Mais il est facile de répondre que, dans l'hypothèse sur laquelle on raisonne, la théorie du consentement, condition essentielle a l'existence des contrats, n'est pas en jeu. L'acte passé chez le notaire a simplement pour but de fournir un moyen de preuve de la convention antérieurement arrêtée. L'essentiel est que Primus connaisse le consentement de Secundus ; son ignorance du fait matériel de la signature est chose tout à fait secondaire.

l'empire du Code civil ? Oui, disent ses partisans, et en ce sens ils apportent : *a*) une double réfutation de l'argument tiré dans l'opinion contraire de l'article 932 C. civ. ; *b*) deux arguments nouveaux puisés l'un dans l'article 1121 C. civ., l'autre dans l'article 1985 C. civ.

61. — A l'argument tiré de l'article 932 C. civ., deux réponses peuvent être faites :

1° La nécessité d'une notification lorsque l'acceptation a lieu par acte séparé, ne retarde pas la formation du contrat. Cela résulte des mots *à l'égard du donateur* qu'emploie le Code civil et des travaux préparatoires. L'ancien Droit n'exigeait pas, pour la formation de la donation entre vifs, que l'acceptation du donataire fut connue du donateur (Ordonnance de 1731, art. 5). Le projet du Code civil reproduisait cette disposition en décidant : « L'acceptation pourra être faite par acte postérieur, mais alors la donation n'aura d'effet que du jour de l'acte qui constatera l'acceptation. » Le Tribunat proposa de modifier ainsi cet article : « La donation n'aura d'effet que du jour de la notification faite au donateur de l'acte qui constatera cette acceptation. » Et, dans le sens de cette modification, il faisait valoir deux motifs. Le Tribunat a voulu en premier lieu corriger ce que la rédaction primitive avait de trop absolu : elle pouvait en effet laisser supposer que la donation pourrait avoir son effet,

quoique non encore acceptée lors de la mort du donateur. Le Tribunat s'est dit en second lieu : l'acceptation peut se produire dans une localité très éloignée, or
« il ne serait pas juste que, par défaut de connaissance
de cette acceptation, le donateur fût incertain sur sa
propriété, et courût le risque de tromper des tiers
avec lesquels il pourrait contracter [1]. » On le voit par
ces motifs : le Tribunat n'a pas eu pour but de faire de
la notification un des éléments constitutifs du contrat
de donation, encore moins de trancher législativement
une controverse à laquelle il ne songeait même pas.
Il a simplement voulu introduire dans le Code civil
« une précaution sage qu'on ne trouve pas dans les
anciennes lois, mais qui est néanmoins bien nécessaire
pour empêcher que le donateur ne soit personnellement victime des transactions qu'il aurait faites dans la
croyance qu'il n'était pas engagé [2] ». Telle était bien
aussi la pensée du Conseil d'État qui corrigea ce que
la formule du Tribunat avait à son tour d'un peu trop
absolu, en introduisant dans le texte du projet les
mots : *à l'égard du donateur*, dont le sens est tout relatif. La notification n'est donc pas une condition essentielle à la formation du contrat lequel produit tous
ses effets à l'égard du donataire dès le jour de l'accep-

---

[1] Fenet, t. XII, p. 450.
[2] *Rapport du tribun Jaubert.* Fenet, t. XII, p. 596.

tation ; elle n'est exigée qu'à l'égard du donateur, et dans son intérêt [1].

2° La question, il est vrai, est controversée, et la Cour de cassation semble la résoudre en sens contraire, bien qu'elle ne l'ait pas tranchée nettement. Mais quand bien même il serait vrai que la donation n'est parfaite que par la connaissance acquise de l'acceptation par le donateur, il n'en résulterait pas que la même solution dût être donnée pour les autres contrats. Notre législateur s'est montré exceptionnellement malveillant pour la donation ; il s'est efforcé d'entraver ce contrat en l'entourant de règles très sévères. L'article 932 C. civ., qui exige une *acceptation-forme* distincte de l'*acceptation-consentement*, est une de ces règles. Sans doute la valeur de ce point de vue est en législation très contestable. Mais c'est là une raison de plus pour interpréter restrictivement une disposition incontestablement dictée par cette idée de défaveur, et pour ne pas étendre la décision de l'article 932, spéciale aux donations entre vifs, à des contrats qui, à la différence de la donation, n'exigent pour leur perfection que le consentement réciproque des parties [2].

62. — L'argument tiré de l'article 932 C. civ. ainsi écarté, le système de l'information n'a plus aucune

[1] Demolombe, t. XX, nᵒˢ 138 et suiv.
[2] Aubry et Rau, t. IV, § 343, note 25.

base dans les textes. Deux articles du Code civil tranchent au contraire — implicitement, il est vrai — la question en faveur de l'opinion adverse.

D'abord, l'article 1121 relatif aux stipulations pour autrui. Ce texte décide que « celui qui a fait la stipulation ne peut plus la révoquer si le tiers a déclaré vouloir en profiter ». Le consentement du tiers, de quelque manière et sous quelque forme qu'il se produise, rend donc immédiatement et par lui-même la stipulation irrévocable, sans qu'il soit nécessaire que le stipulant en ait au préalable obtenu connaissance [1]. L'acceptation du tiers, même ignorée des contractants, suffit à fonder irrévocablement à leur égard l'obligation qu'ils ont voulu faire naître à son profit.

L'argument fourni par ce texte est très puissant. On lui a fait cependant une objection. Certains défenseurs de la théorie de l'information, qui adoptent la distinction de Grotius [2], ont dit : « L'article 1121 ne prouve rien parce qu'il a trait aux stipulations pour autrui qui sont de pures libéralités en faveur du tiers qui en bénéficie. S'il n'est pas nécessaire que le stipulant connaisse l'acceptation, c'est parce qu'il s'agit ici d'un acte à titre gratuit. » Sans s'attarder ici à contes-

---

[1] Aubry et Rau, § 343 *ter*, t. IV, p. 312.

[2] A. Robert, *Des contrats par correspondance* (thèse de doctorat. Dijon, 1868), p. 208 et 209. — Flandin, *De la vente par correspondance* (*Revue du notariat et de l'enregistrement*, 1869, t. X, p. 541 et 641).

ter la valeur de cette distinction entre les actes à titre onéreux et les actes à titre gratuit — laquelle n'est véritablement pas soutenable dans notre Droit —, il est facile de répondre que cette objection repose sur une erreur grossière. Il ne faudrait pas croire, en effet, que la stipulation faite pour autrui dans les termes de l'article 1121 constitue toujours une libéralité au profit du tiers. Sans doute, cela peut arriver (ce sera même le cas le plus fréquent) ; mais il peut fort bien en être autrement. Par exemple, une personne vendant un immeuble peut réserver à un voisin le droit d'acquérir sur cet immeuble un droit de passage moyennant un prix déterminé à l'avance dans le contrat de vente. Dans ce cas, le droit qui naît en faveur du tiers a pour contre-partie l'obligation de payer une somme d'argent, et personne ne s'avisera de dire qu'il y a là un acte à titre gratuit. Or, l'article 1121 ne distingue pas s'il y a libéralité ou non, et sa disposition finale s'applique dans tous les cas.

63. — Le second argument de texte en faveur du système de l'agnition résulte de l'article 1985 C. civ., qui dit, dans son second alinéa : « L'accepta- « tion du mandat peut n'être que tacite et résulter de « l'exécution qui lui a été donnée par le mandataire. » Or, si, en cas d'acceptation tacite, le contrat se forme bien que le consentement du mandataire ne soit pas connu du mandant, il doit en être de même en cas

d'acceptation expresse, et ce qui est vrai du mandat doit être vrai également des autres contrats.

64. — Législation, jurisprudence et doctrine. — La théorie de la déclaration a été législativement consacrée par l'article 321 du Code de commerce allemand, et par l'article 8 du Code fédéral suisse des Obligations.

La jurisprudence anglaise semble constante en son sens. V. arrêt du 1er juillet 1879 (*Journal de Droit international privé*, 1880, p. 597) ; décision de la Cour du Banc de la Reine du 22 mars 1888 (*Journal de Droit international privé*, 1889, p. 318). — En France, elle a été consacrée par des arrêts récents : Douai, 15 mars 1886 ; D., 88, 2, 37 ; — Poitiers, 4 novembre 1886, *Gazette du Palais*, 1886, 2, 907. Toutefois, cette dernière Cour a modifié depuis sa jurisprudence.

Dans la doctrine, cette opinion qui semble bien avoir été celle de Pothier[1] (le contraire, il est vrai, a été prétendu) a été défendu en Allemagne par M. de Savigny[2], en Italie par Sérafini[3], et gagne tous les jours du terrain dans notre pays. Parmi les civilistes, M. Demolombe[4] et MM. Aubry et Rau[5] lui ont apporté

---

[1] *Vente*, n° 32.
[2] *System*, t. VIII, § 371.
[3] *Le télégraphe dans ses rapports avec la jurisprudence*, § 20 et 21.
[4] *Cours de Code Napoléon*, t. XXIV, n°ˢ 72 à 75.
[5] *Droit civil*, t. IV, § 343, texte et note 25.

le poids de leur grande autorité. En Droit commercial la théorie de l'agnition a été soutenue par M. Boistel[1] et par MM. Lyon-Caen et Renault[2]. Enfin, cette doctrine a encore été admise tout dernièrement, parmi les auteurs de Droit international privé, par MM. Surville et Arthuys[3].

65. — Ces auteurs nous paraissent avoir raison. Tout mûrement pesé, nous croyons que les arguments invoqués en faveur du système de la déclaration doivent l'emporter sur ceux qui ont été présentés en sens contraire. Nous aurons seulement à nous demander, en traitant de la révocation, s'il n'y a pas lieu de permettre *utilitatis causa* à l'acceptant de retirer son consentement pourvu que la rétractation arrive au plus tard en même temps que l'acceptation. Mais on peut remarquer dès maintenant que la doctrine de l'agnition a l'avantage de comporter certains tempéraments, tandis que l'on ne peut apporter à la théorie opposée aucune exception sans en ruiner la base.

Le système de la déclaration ainsi admis, il nous faut maintenant faire un choix parmi les différentes sous-théories entre lesquelles il se partage. Il suffit

---

[1] *Cours de Droit commercial,* n° 443.
[2] *Précis de Droit commercial,* t. I, n° 631.
[3] *Cours élémentaire de Droit international privé* (1890), n° 229, p. 228 et suiv.

de la coexistence des volontés. Mais à quel moment y a-t-il coexistence ?

66. — I. Système de l'agnition pure et simple. — Certains auteurs, si l'on s'en tient à la généralité des formules qu'ils emploient, semblent appliquer le système de l'agnition dans toute sa rigueur[1]. Dans cette opinion, le contrat serait formé *dès que la lettre d'acceptation est écrite*. Le consentement de l'acceptant, une fois manifesté par écrit, cesse, dit-on, d'être un simple *propositum in mente retentum*. Dès lors les volontés coexistent et cela suffit pour que le contrat soit formé.

C'est là, croyons-nous, une exagération. L'acceptation contenue dans une lettre restée entre les mains de son auteur, lettre que celui-ci peut détruire sans que personne ne sache seulement qu'elle a été écrite, ne diffère guère d'une volonté non encore exprimée. Ce n'est encore qu'un *propositum retentum* sinon *in mente*, du moins *in manibus*.

Cette doctrine est d'ailleurs remplie d'inconvénients. Supposons que l'acceptant oublie de mettre sa lettre à la poste. Le contrat serait donc formé quand même ? Mais alors, la communication de l'acceptation au pol-

---

[1] Wening-Ingenheim, *Archiv für die civilistische Praxis*, t. II, p. 267. — Puchta, *Pandekten*, § 271. — Scheurl, *Iahrbucher für die Dogmatik*, t. II, p. 259.

licitant ne produit aucun effet juridique, et il est bien inutile que l'acceptant fasse les frais d'un timbre-poste.

D'ailleurs, la rédaction de la lettre d'acceptation peut très bien être antérieure au consentement de l'acceptant. Supposons que celui à qui le pollicitant demande une réponse par retour du courrier, voulant se ménager du temps pour réfléchir, écrive à la fois une lettre d'acceptation et une lettre de refus, de façon à pouvoir changer de décision jusqu'au moment de mettre une des deux lettres dans la boîte. Dans ce cas, la lettre a été écrite avant qu'il y ait eu accord de volontés. Faudra-t-il dire cependant que dès ce moment le contrat est formé ?

Enfin, au point de vue de la preuve, le système de l'agnition pure et simple est rempli de difficultés, autant que la théorie de l'information. Il n'est en effet guère plus facile de connaître le moment précis où une lettre est écrite que celui où elle est lue. Et cependant, dans cette opinion, il est très important de déterminer exactement ce moment, puisque c'est celui de la formation du contrat. Comment faire ? Il faudra presque nécessairement s'en rapporter au témoignage de l'acceptant, ou à l'indication portée sur sa lettre. Mais qui ne voit l'inconvénient de ce procédé ? Secundus, par exemple, reçoit une lettre d'offre de Primus le 15 avril ; il hésite à accepter. Le 20 seulement il se décide à répondre par une lettre d'acceptation. Mais, craignant que dans l'intervalle Primus n'ait contracté avec une autre personne, il date sa lettre du 16, puis il prétend que son consentement date du 16, mais seulement qu'il avait oublié de mettre sa lettre à la poste. Voilà une preuve presque impossible à faire, quelque soit celui à qui en incombe la charge. Aussi n'est-il pas étonnant, précisément en raison de tous ces inconvénients pratiques, qu'aucune législation n'ait consacré ce premier système.

67. — II. SYSTÈME DE LA RÉCEPTION (*Empfangstheorie*). — Dans cette opinion, le contrat n'est formé *qu'au moment où la lettre d'acceptation arrive au pollicitant* [1]. Théoriquement, cette doctrine se rattache au système de la déclaration, et c'est pourquoi nous l'exposons à cette place. N'exigeant pas que l'offrant ait pris connaissance du consentement de l'acceptant, elle se contente par suite de la coexistence des volontés. On fait dans cette opinion le même raisonnement et on emploie les mêmes arguments que dans la théorie de la déclaration.

Mais, en fait, le système de la réception se rap-

---

[1] Emminghaus, *Archiv für die praktische Rechtswissenschaft New Folge*, t. VI, p. 113. — Ce système a été législativement consacré par le Code saxon, § 815, et par le Code prussien, partie 1, titre V, §§ 96 et 105. De même, l'article 87 du projet de Code civil pour l'empire d'Allemagne, abandonnant le système suivi par l'article 321 du Code de commerce, place le moment de la formation du contrat lors de la réception et non plus lors de l'envoi de la lettre ou du télégramme d'acceptation (Bufnoir, *Bulletin de la Société de législation comparée*, 1889, p. 156).

proche singulièrement de celui de l'information. Il s'écoule généralement bien peu de temps entre l'instant où une lettre est reçue et celui où elle est lue. Quel intérêt y a-t-il donc à s'arrêter ainsi à mi-chemin et à ne pas exiger que l'offrant ait pris connaissance de la réponse, puisque le moment de la perfection du contrat est, en fait, presque le même dans les deux opinions? C'est que, dans le système de la réception, *on évite la difficulté de preuve* qui s'élève dans la théorie de l'information. Autant il est difficile de prouver le moment où une lettre est lue, autant il est facile de connaître celui où elle est reçue. Peut-être même faut-il voir dans cet avantage pratique la raison d'être du système de la réception, et, n'eût été cette considération, il est très probable qu'il n'aurait jamais été soutenu.

Théoriquement, il est, en effet, assez difficile à justifier. Si la coexistence des volontés suffit — et c'est ce que cette opinion concède — pourquoi exiger que la réponse soit parvenue à destination? On n'en voit pas la raison.

On a dit, il est vrai : l'offrant ne se lie qu'à la condition que l'autre partie lui fournisse les moyens de connaître l'acceptation. Cette condition n'est accomplie, et le pollicitant n'est mis à même de connaître la réponse de l'acceptant qu'au moment où la lettre de ce dernier lui est parvenue.

Mais, que l'obligation du pollicitant soit simplement conditionnelle, rien n'est n'est moins certain. Dans tous les cas, il aurait bien dû s'expliquer. D'ailleurs, y eût-il là une véritable condition, elle devrait être tenue pour accomplie dès que l'acceptant a fait tout son possible pour en procurer la réalisation. Or, tout ce qu'il peut faire, c'est de mettre sa lettre à la poste [1].

Cette opinion, de même que la précédente, est d'ailleurs peu suivie, et le plus grand nombre des partisans de la théorie de la déclaration préfère le troisième système qu'il nous reste à exposer, et auquel nous nous rallions.

68. — III. Système de l'expédition (*Uebermittlungstheorie*). — Dans ce système, le contrat se forme *au moment où l'acceptant se dessaisit de sa réponse*, en mettant sa lettre à la poste, ou en déposant son télégramme au guichet. Cette opinion, également éloignée des doctrines extrêmes, forme l'application la plus naturelle et la plus raisonnable à la fois de la théorie de la déclaration. Certes, on ne peut plus dire qu'il y a seulement *propositum in mente retentum*, puisque l'acceptant s'est dessaisi de son consentement, et puisqu'il a fait tout ce qu'il lui était possible de faire pour le porter à la connaissance du pollicitant.

---

[1] Darquer, *Des contrats par correspondance*, p. 72.

Pratiquement, d'ailleurs, cette opinion a l'avantage de permettre un moyen sûr et facile de prouver la date du contrat, grâce au timbre apposé par le bureau de départ.

Ce système a été expressément consacré par l'article 321 du Code de commerce allemand, ainsi conçu : « *Quand une convention a été conclue entre absents* « *on considère comme le moment de la conclusion* « *celui où la déclaration d'acceptation a été donnée* « *pour être expédiée.* » et par l'article 8 du Code fédéral suisse des obligations de 1881 qui porte : « *Lors-* « *qu'un contrat est intervenu entre absents, il dé-* « *ploie ses effets à partir du moment où l'acceptation* « *a été expédiée.* » Telle est également l'opinion de Serafini [1]; et telle paraît bien être aussi celle de MM. Aubry et Rau lorsqu'ils décident que le contrat se forme « dès que l'acceptation est émise par un « moyen de communication ou de transmission *qu'il* « *n'est plus au pouvoir de l'acceptant d'arrêter ou* « *d'anéantir.* »

69. — Mais voilà précisément où gît la difficulté. L'acceptant n'est pas dessaisi définitivement de sa réponse par la remise à l'administration de sa lettre ou de sa dépêche. Tant qu'une lettre n'a pas été remise au destinataire, il est encore temps pour l'expéditeur

---

[1] *Le télégraphe dans ses rapports avec la jurisprudence*, § 21.

de l'arrêter et d'en obtenir la restitution. L'article 389
de l'*Instruction générale sur le service des postes* du
20 mars 1868 réglemente minutieusement ce droit.
L'expéditeur doit déposer une réclamation écrite dans
laquelle il déclare être l'auteur de la lettre. Il doit se
soumettre à demeurer responsable envers qui de droit
de tous les effets de la suppression ou du retard de la
lettre. S'il n'est pas connu des employés de l'administration, il doit se faire accompagner de deux témoins.
Enfin, la lettre doit être ouverte en présence de témoins,
et l'employé s'assure de l'identité de la signature de la
lettre avec la signature du réclamant. D'après un avis
du Conseil d'État du 6 août 1883 [1], cette faculté peut
s'exercer jusqu'au moment de la remise au destinataire. Le même droit existe en matière télégraphique,
d'après le décret du 16 août 1881, article 14, 1°, qui
reproduit la disposition antérieure de l'article 10 du
décret du 8 mai 1867 : « Tout expéditeur peut, en
« justifiant son identité, arrêter, s'il en est encore
« temps, la transmission de la dépêche qu'il a dépo-
« sée [2]. » Ce droit de retrait est enfin consacré, en
matière postale internationale, par l'article 5 *bis* de
l'acte additionnel de Lisbonne du 21 mars 1885 qui
décide cependant que cette disposition n'est pas obli-

---

[1] *Bulletin mensuel des Postes*, 1884, n° 19, p. 809. *Instr.*, n° 114.
[2] Dans ce cas, d'après l'article 7 de l'*Instruction à l'usage des bureaux
télégraphiques* de 1883, la taxe est remboursée sous déduction d'un
droit fixe de 0 fr. 50 c.

gatoire « pour les pays dont la législation ne permet pas à l'expéditeur de disposer d'un envoi en cours de transport [1]. »

On voit l'objection. Si le contrat était parfait par le dessaisissement de l'acceptant, celui-ci ne pourrait pas, en reprenant sa lettre, retirer son consentement. Il le peut; donc le contrat n'est pas formé.

Mais cette argumentation repose sur une pétition de principes. La question est précisément de savoir si l'administration est bien fondée à autoriser ce retrait, et si ses règlements d'administration intérieure, en cas de contrat déjà formé, ne vont pas contre le droit du destinataire. Dans tous les cas, l'avis plus haut cité du Conseil d'État nous semble avoir fait fausse route en basant ce droit de retrait sur un prétendu mandat existant entre l'expéditeur et l'administration, lequel serait révocable au gré du mandant. A nos yeux, en effet, ainsi que nous essaierons plus loin de le démontrer, l'État n'est pas un mandataire ; il loue ses services.

Nous croyons cependant que cette faculté de retirer une lettre ou un télegramme déjà expédié peut se concilier avec le système de l'expédition. Voici comment. Nous dirons plus loin que, tout en admettant en principe que le contrat est formé au moment où l'acceptant

______

[1] Loi du 27 mars 1886, et décret du 1er avril 1886. Sirey, *Lois annotées*. 1888, p. 374.

se dessaisit de sa réponse, nous pensons qu'il y a lieu d'apporter à cette doctrine un tempérament et de permettre à l'acceptant de retirer son consentement pourvu que la révocation arrive avant ou en même temps que la réponse primitive. Or, si l'on permet à l'acceptant de retirer son consentement par un télégramme qui devance sa lettre, pourquoi ne pas l'autoriser à reprendre sa lettre elle-même? Le moyen, il est vrai, est différent, mais le résultat est absolument identique. Ces deux tempéraments s'enchaînent, ou plutôt c'est la même exception qui se présente sous deux faces différentes. Au fond, c'est toujours de la révocation de l'acceptation qu'il s'agit. Qu'importe qu'elle se produise par l'envoi d'un télégramme postérieur ou par le retrait de la lettre primitive? *Eadem est ratio.*

Telles sont les raisons qui nous déterminent en faveur du système de l'expédition. Il nous reste maintenant, pour être complet, à discuter les théories de Windscheid et de Kœppen. Ces opinions étant restées à peu près isolées, et n'ayant pas eu d'écho dans notre pays, nous les examinerons rapidement.

§ III. — *Théorie mixte.*

70. — Un système mixte a été proposé en Allemagne

par Windscheid[1] et par Bluhme[2]. Les théories précédemment exposées concordent en ce qu'elles indiquent *un moment unique* comme étant celui où toutes les parties se trouvent liées. D'après Windscheid, au contraire, une des parties peut très bien être engagée avant l'autre. Cette opinion ne pose point de règle générale, mais elle donne dans chaque cas particulier la solution qui lui semble le plus conforme à la bonne foi et aux nécessités de la pratique.

Une première distinction est d'abord faite entre les contrats unilatéraux et les contrats synallagmatiques :

1° *Contrats unilatéraux.* — Ici, on sous distingue suivant que l'offre émane de celui qui veut devenir créancier ou de celui qui veut devenir débiteur.

a) La pollicitation est faite par celui qui veut devenir créancier. — Primus, par exemple, écrit à Secundus pour lui offrir de lui prêter mille francs. Dans ce cas, le contrat de prêt ne sera formé qu'au moment où la lettre d'acceptation envoyée par Secundus sera arrivée à Primus. Jusqu'à cette époque, le promettant peut reprendre sa déclaration, expédier une seconde lettre ou un télégramme qui arrivera en même temps que sa première réponse ou avant elle.

---

[1] *Lehrbuch des Pandektenrechts* § 306, 307 et 308.
[2] *Encyclopädie*, t. II, § 266.

Il se trouve dans la situation de celui qui a promis *si voluerim* ; on ne peut donc le considérer comme engagé.

b) L'offre émane de celui qui veut devenir débiteur. — Primus, par exemple, écrit à Secundus pour le prier de lui prêter mille francs. Dans ce cas, Primus est lié dès que Secundus s'est dessaisi de la lettre par laquelle il consent à lui faire ce prêt. Mais cela n'empêche pas Secundus de pouvoir retirer son acceptation jusqu'au moment où elle arrivera chez Primus.

En résumé, s'agissant d'une convention unilatérale : ou la pollicitation émane du futur créancier (stipulateur), alors le système mixte décide comme la théorie de l'information ; ou l'offre est faite par le futur débiteur (promettant), dans ce cas le système mixte donne la même solution que la théorie de la déclaration, avec le tempérament que lui ont apporté les législations suisse et allemande.

2° Contrats synallagmatiques. — Dans ce cas, l'offrant est lié au moment où la lettre d'acceptation est envoyée. L'acceptant n'est, au contraire, engagé définitivement qu'au moment où sa réponse arrive chez le pollicitant. Jusque-là, il est libre de retirer son consentement. Dans l'intervalle qui s'écoule entre l'envoi et la réception de la lettre d'acceptation, il y a *negotium claudicans*, et l'acceptant se trouve dans une situation assez semblable à celle faite, en Droit romain, à l'*impubes* qui a conclu sans son tuteur un contrat synallagmatique.

Dans cette théorie, on décide en outre :

En ce qui concerne la révocation. — L'offre peut être révoquée jusqu'à la déclaration d'acceptation, et l'acceptation jusqu'à son arrivée chez le pollicitant. Dans les deux cas, la révocation opère sur-le-champ, dèsqu'elle est expédiée, et non pas seulement à partir du moment où elle est connue. Il pourra seulement y avoir lieu à des dommages-intérêts, si quelque préjudice est résulté pour l'autre partie de l'ignorance où elle était de la révocation.

En ce qui concerne l'acceptation tacite. — Celui à qui l'offre est faite est lié par l'accomplissement de l'acte qui manifeste sa volonté d'accepter.

71. — Ce système n'est guère soutenable. Théoriquement, il n'y a aucune raison de distinguer entre les contrats unilatéraux et les contrats synallagmatiques, entre le stipulateur et le promettant. Peu importe l'objet du contrat. Ce qui est en jeu ici, c'est la nature du consentement qui est la même dans tous les cas et pour toutes les parties.

D'ailleurs, une convention ne peut pas à la fois être et ne pas être. Il faut nécessairement déterminer un moment unique à partir duquel cette convention produira tous ses effets. En définitive, si le pollicitant est tenu, c'est que le contrat est formé et, s'il est formé, l'acceptant doit être également obligé.

Au fond, cette théorie part d'une idée juste qui est la suivante. Il ne faut point poser en cette matière une règle absolue et inflexible, et, quelque soit le système adopté, les besoins de la pratique commandent certains tempéraments. Mais qui dit tempérament dit exception, et toute exception suppose une règle première. Or, les décisions données par Windscheid ne sont, en réalité, qu'une longue suite de solutions particulières, sans aucun lien entre elles lorsqu'elles ne se contredisent pas.

§ IV. — *Théorie de Kœppen.*

72. — Une dernière théorie a été présentée par le Dr Albert Kœppen comme ayant été celle du Droit romain. Ce système que son auteur appuie sur de nombreux textes du Digeste et du Code se distingue très nettement dès son principe de ceux qui ont déjà été exposés. Les autres théories déterminent le moment de la perfection du contrat en s'appuyant sur la notion du consentement, et, si leurs solutions varient, c'est parce que les unes sont plus sévères que les autres, s'agissant de déterminer les conditions d'existence de l'accord des volontés.

D'après Kœppen, au contraire, on ne peut pas tirer

de la notion du consentement le principe fondamental pouvant servir à déterminer le moment de la formation du contrat. Selon cet auteur, la pollicitation n'est autre que la *délation d'une obligation sous la condition de l'acceptation*. L'acceptation n'est que l'accomplissement de la condition suspensive à laquelle était subordonnée l'existence du contrat. Dans ce système, l'obligation proposée par le pollicitant est assez analogue à un legs déféré d'abord par testament, puis accepté plus tard *quasi ex contractu*.

Cette théorie, ingénieuse en elle-même, a le tort de méconnaître le caractère véritable de la pollicitation unilatérale en la considérant comme obligatoire. Or c'est une règle élémentaire qu'une promesse non encore acceptée n'oblige pas son auteur. La théorie de Kœppen, déjà très contestable au point de vue du Droit romain (Cf. l. 55, D., *de Obl. et act.*) [1], serait insoutenable en Droit français où elle conduirait, en vertu de la règle de la rétroactivité de la condition, à déclarer le contrat formé dès le moment où l'offre est faite, — résultat bizarre que personne n'oserait proposer chez nous.

[1] Cpr Rivier, *Revue de Droit international et de législation comparée* (de Gand), 1872, t. IV, p. 533.

SECTION II

INTÉRÊTS DE LA CONTROVERSE, PARTICULIÈREMENT AU POINT DE VUE DU DROIT INTERNATIONAL PRIVÉ

73. — La controverse importante qui vient d'être exposée et que nous avons résolue dans le sens du système de l'expédition, engendre des conséquences importantes en pratique. Nous aurons l'occasion d'en étudier un certain nombre dans le chapitre suivant, en examinant les complications qui résultent en notre matière du changement de volonté, de la mort, de l'interdiction ou du silence de l'une des parties. Mais, dès maintenant, il y a lieu de passer en revue certains intérêts de la controverse. C'est ce que nous allons faire dans cette section en insistant plus particulièrement sur ceux qui se rattachent au Droit international privé.

74. — En premier lieu, c'est à partir du moment où il est formé que le contrat commence à produire ses effets. Supposons une vente conclue par correspondance. Dans l'opinion que nous avons adoptée, c'est au moment où l'acheteur expédie sa réponse que les parties se trouvent liées l'une envers l'autre, et que la propriété et les risques de la chose passent du ven-

deur à l'acheteur. Par suite, si nous supposons que la chose vendue soit un immeuble et que l'acheteur (l'acceptant) se marie sous le régime de la communauté légale dans l'intervalle qui s'écoule entre l'envoi et la réception de sa lettre, l'immeuble se trouvera dans notre système acquis avant le mariage, et par suite restera propre à l'acquéreur. Dans le système de l'information, au contraire, il faut dire que l'immeuble est acquis pendant le mariage et tombe par suite en communauté.

En fait, il y a lieu d'observer que les ventes par correspondance sont souvent des ventes commerciales faites au compte, au poids ou à la mesure. Dans ces sortes de vente, le transfert de la propriété et des risques s'effectue non pas au moment où se forme le contrat, mais lors du pesage ou du mesurage (C. civ., 1585). Dans ce cas, la solution donnée à notre question devient indifférente au point de vue de la propriété et des risques de la chose, mais elle n'en conserve pas moins tout son intérêt quant à la détermination du moment où les parties sont réciproquement liées.

75. — De la solution donnée à notre controverse dépend également la *détermination du lieu du contrat*. Ces deux questions sont, en effet, intimement liées. Adopte-t-on la théorie de la déclaration? Alors il faut

répondre avec M. de Savigny[1] « que le lieu du contrat est celui où la première lettre a été reçue et d'où a été expédiée la réponse affirmative, car là s'est exprimé l'accord des volontés. » *Videtur consummari contractus in loco ubi acceptatio facta est, quia illic utriusque consensus coivit* [2]. Préfère-t-on la théorie de l'information? Dans ce cas il faut décider que « le contrat n'est parfait que dans le lieu où l'expéditeur de la première lettre reçoit la réponse et connaît le consentement de l'autre partie ». *Illic contractum censeri perfectum ubi litteræ negotium concludentes acceptatæ fuerunt* [3].

Or, la détermination du lieu où se forme un contrat par correspondance est intéressante à deux points de vue :

76. — A) D'abord pour l'application de l'article 420 C. pr. Le troisième alinéa de cet article attribue une compétence facultative au tribunal de commerce « dans l'arrondissement duquel *la promesse a été faite* et la marchandise livrée ». Or, le lieu où la promesse a été faite, c'est, dans le système que nous avons adopté, celui d'où est partie la lettre d'acceptation. Le tribunal de commerce de cet arrondissement sera donc

---

[1] *Systèm*, § 371, t. VIII, p. 233 (trad. Guénoux).
[2] Hommel, *Rhapsod quaest.*, obs. 409, n° 18.
[3] Voet, *Ad Pandectas*, livre IV, tit. I, § 73.

compétent à la condition toutefois que la marchandise ait été livrée dans le même endroit, car ces deux conditions sont cumulativement exigées (argument du mot : *et*) [1].

La compétence du tribunal du lieu où la promesse a été faite est d'ailleurs générale et ne doit pas être restreinte au cas de vente ou d'achat de marchandises. Il faut l'étendre à toutes les contestations commerciales où il s'agit d'une livraison à faire. Le contraire a, il est vrai, été jugé par la Cour de cassation qui, dans un arrêt du 18 février 1862 (S., 62, 1, 427), a décidé que les règles de compétence établies par l'article 420 C. pr. doivent être restreintes au cas de vente. Mais cette décision constitue une anomalie dans la jurisprudence de la Cour suprême. V. not. en sens contraire ; Cass., 13 mai 1857 ; S., 57. 1, 669. — Cass., 7 mars 1860 ; S., 60, 1, 807. — Cass., 9 mars 1863 ; S., 63, 1, 225.

77. — B) Mais c'est surtout en Droit international privé que la détermination du lieu du contrat devient intéressante. Au sujet d'un contrat conclu par correspondance, un conflit de législation peut très bien s'élever et le cas sera même assez fréquent. Lorsque les parties n'habitent pas le même pays, au lieu

---

[1] Telle est du moins l'opinion généralement admise. La tradition historique confirme d'ailleurs cette interprétation, car c'est en ce sens qu'était entendu l'article 17 de l'Ordonnance de 1673. Cpr Cass. 12 décembre 1864, S., 65, 1,128.

d'entreprendre un voyage long et coûteux, elles préfèreront le plus souvent s'écrire. Dans cette circonstance le contrat par correspondance est même d'une application très pratique.

Supposons par exemple un contrat conclu par correspondance entre Paris et Berlin. En admettant que les effets de ce contrat soient réglés diversement par la loi française et par la loi allemande, à laquelle de ces deux législations faudra-t-il s'attacher ?

78. — Une opinion supprime en cette matière l'intérêt de la controverse que nous avons discutée. D'après Grotius, les règles régissant un contrat formé par correspondance devraient être déterminées par le droit naturel. *Plane aliud erit*, dit Grotius [1], *si in mari pactio fiat, aut in vacua insula, aut per litteras inter absentes. Talia enim pacta jure solo naturæ reguntur*. Il est seulement à regretter, dit M. de Savigny [2], que les auteurs qui ont proposé cette opinion ne nous aient pas indiqué en même temps le traité de droit naturel dont ils demandent l'application. Cette opinion est, en effet, absolument arbitraire. Elle a pu se produire à une époque où la science du Droit international privé était encore en enfance ; mais aujourd'hui personne ne voudrait plus la soutenir.

---

[1] *De jure belli et pacis*, lib. II, cap. XI, § 5, n° 3. — Cpr Hertius, *De commeatu litterarum*, §§ 16 à 19.
[2] *System*, § 373, t. VIII, p. 255 (trad. Guenoux).

Le Droit naturel écarté, il faut faire un choix entre les différentes législations positives dont l'application peut être proposée. Laquelle faut-il suivre ?

79. — Il ne faut pas oublier que nous parlons ici de *contrats*. Or le principe en cette matière, c'est que la volonté des parties est souveraine (Cpr art. 1134 C. civ.). La loi est purement interprétative, toutes les fois que l'ordre public n'est pas en jeu.

Aussi, pour savoir quelle loi doit être suivie, est-ce à la *volonté des contractants* qu'il faudra s'attacher avant tout. Il n'y a donc pas lieu d'introduire dans notre débat la distinction des statuts réels et des statuts personnels ; elle lui est complètement étrangère.

Notre principe directeur sera donc celui-ci : le contrat sera régi par la loi à laquelle les parties auront entendu se référer. C'est ce principe que les jurisconsultes allemands ont caractérisé par l'appellation de *théorie de l'autonomie*. Voyons à quels résultats il va nous conduire en notre matière.

80. — Écartons tout d'abord certaines hypothèses qui ne souffrent aucune difficulté.

En premier lieu, les parties ont pu s'expliquer et indiquer expressément la législation à laquelle elles entendaient se référer. En fait, cette hypothèse sera rare, mais cependant elle est possible. Dans ce cas, pas de difficulté : le contrat sera régi par la loi choisie par les contractants.

Peut-être les parties ne se sont-elles pas exprimées, mais leur intention de se soumettre à telle loi déterminée résulte des circonstances. On devra encore suivre leur volonté, si elle est démontrée. Ce sera au juge à la rechercher. C'est là une simple difficulté de fait sur laquelle les tribunaux auront à statuer.

Mais, en l'absence de volonté expressément ou implicitement manifestée par les parties, quelle loi faut-il appliquer?

81. — MM. Surville et Arthuys [1] proposent, pour résoudre cette difficulté, un critérium simple et commode. L'acceptant a-t-il accepté sans réserves les offres du pollicitant, il faut suivre la loi nationale de ce dernier ; sinon, c'est à la loi nationale de l'acceptant qu'il faut s'attacher. Écoutons le raisonnement de ces auteurs :

« S'agissant de contrats par correspondance, il y a une des parties qui nous paraît jouer un rôle prépondérant, c'est celle qui fait l'offre. Or, quelle doit être l'intention de l'offrant quant à la loi applicable et avant toute acceptation ? Il me paraît évident qu'il a dû songer à sa loi nationale, sous l'empire de laquelle il accomplit tous les actes juridiques qui sont relatifs

---

[1] *Cours élémentaire de Droit international privé*, n° 230.

à ses intérêts. Cela est d'autant plus croyable que nous devons supposer que, le plus souvent, il ignore les dispositions de la loi étrangère à laquelle est soumise son futur cocontractant. En réponse à cette offre, que supposons-nous? Une acceptation faite sans réserves. L'intention de l'acceptant consiste donc dans un acquiescement absolu à l'offre, dans l'esprit où elle lui a été faite, et selon la loi de celui qui la lui a faite. L'acceptant veut, en un mot, ce qu'a voulu le pollicitant. Nous sommes donc autorisés à dire que l'acceptant qui n'a pas fait de réserves se soumet par là même implicitement à la loi de l'offrant : c'est elle qui va régir le contrat.

« Que si nous supposons, au contraire, que l'acceptant fasse ses réserves sur l'offre qu'il a reçue, et y réponde par une contre-proposition acceptée par le pollicitant, alors il manifeste son intention de faire régler le contrat par sa loi nationale puisque c'est lui qui joue le rôle prépondérant dans l'affaire.

« Nous concluons en disant que, dans le cas d'un contrat formé par correspondance entre individus de nationalités diverses, la loi qui lui est applicable est la loi nationale de la partie qui est restée maîtresse du contrat. »

Cette interprétation ainsi proposée de la volonté des contractants est ingénieuse. Elle enlève, relativement à l'application de la théorie de l'autonomie, tout intérêt à la controverse que nous avons discutée et résolue dans la première section de ce chapitre. Elle coupe court à toute difficulté. C'est avec regret que nous la repoussons.

Mais il nous paraît difficile de faire autrement. Tout d'abord, en effet, si ce raisonnement était exact pour les contrats par correspondance, il le serait également pour les contrats formés *inter præsentes*. Et ce qui le prouve, c'est que l'on pourrait reproduire toute l'argumentation de MM. Surville et Arthuys en l'appliquant à un contrat formé entre présents, sans avoir besoin d'en changer un seul mot. Le rôle du pollicitant n'est ni plus ni moins prépondérant dans un contrat entre absents que dans un contrat entre présents. La circonstance que les parties se sont entendues par lettre et non de vive voix est à ce point de vue absolument indifférente. Il faut interpréter de la même façon leur volonté dans les deux cas. Il y a donc, à nos yeux, contradiction de la part de ces auteurs, à admettre l'application de la *lex loci contractus* pour les contrats entre présents [1] et à faire le raisonnement que l'on connaît pour les contrats par correspondance.

Mais il y a mieux. Envisagée en elle-même, cette interprétation de la volonté des parties ne nous semble

---

[1] N° 227.

pas conforme à la réalité. Qu'a voulu l'acceptant? Il a voulu accepter le contrat, dans les termes où il lui a été offert ; mais il n'a pas entendu du tout accéder par là même à toutes les interprétations qu'il pouvait plaire au pollicitant de donner de ce contrat. En consentant, il n'a aucunement voulu abdiquer. Bien au contraire, il a compris que son acceptation serait limitée dans les termes mêmes de l'engagement auquel on lui offrait de souscrire. Que si, plus tard, le pollicitant vient prétendre qu'il avait entendu que leurs obligations communes seraient régies par telle loi plutôt que par telle autre, il est mal venu à le faire. Après tout, c'était à lui qui a rédigé les termes de l'engagement à s'expliquer. Et, s'il fallait donner la préférence à l'une des parties sur l'autre, ce serait, au contraire, celle qui a joué le rôle prépondérant, celle qui est restée maîtresse du contrat qu'il faudrait sacrifier, de même qu'en Droit romain on interprétait la stipulation dans le sens le plus défavorable au stipulant, *quia stipulatori liberum fuit verba late concipere* (L. 99, D., *de Verb. obl.*).

Mais la vérité est que, au point de vue qui nous occupe, on ne peut pas se décider d'après le rôle respectif des parties. Il est tout aussi peu vrai de dire que, par cela seul qu'il a accepté sans réserve l'offre d'un commerçant de Paris, un commerçant de Vienne a entendu s'en référer à la loi française, que de prétendre à l'inverse que, par cela seul qu'il a adressé des offres à un commerçant de Vienne, le négociant français a consenti à se soumettre à la loi autrichienne. Cette seule circonstance ne suffit pas pour que le juge puisse décider que les parties s'en sont rapportées implicitement, pour la réglementation de leurs conventions, à telle ou telle législation.

82. — Mais nous supposons que les parties n'ont manifesté ni expressément, ni implicitement leur volonté à cet égard. A quelle législation nous attacher? Puisque la considération de la personne n'est pas déterminante, il ne nous reste plus qu'à décider qu'il faut appliquer la loi en vigueur *dans un certain lieu*. C'est le seul élément de solution qui nous reste. Quel sera donc ce lieu?

Nombre d'auteurs s'attachent à un endroit *unique* qu'ils considèrent comme étant *le siège de l'obligation*, et par suite ils appliquent la loi en vigueur dans ce lieu.

Mais comment déterminer le siège d'une obligation, laquelle est en soi purement immatérielle? La question est assez délicate. Les auteurs la résolvent en s'attachant aux manifestations extérieures qui rendent sensible l'existence du contrat.

« L'obligation en soi, c'est-à-dire le rapport de droit, étant une chose incorporelle qui n'occupe pas de place dans l'espace, dit M. de Savigny [1], *nous devons chercher dans son développement naturel des apparences visibles auxquelles nous rattachions la réalité invisible de l'obligation,* afin de lui donner un corps. Or, dans toute obligation, deux apparences visibles peuvent nous servir de guides : *toute obligation résulte de faits visibles, toute obligation s'accomplit par des faits visibles.* Les uns et les autres se passent nécessairement dans un lieu. » Avec ce point de départ, deux théories sont possibles, et toutes les deux ont leurs partisans. Les uns, se plaçant à la naissance de l'obligation, disent : il faut appliquer la loi du lieu où le contrat a été formé, la *lex loci actus.* Les autres, envisageant non pas le commencement, mais la fin de l'obligation, disent : il faut appliquer la loi du lieu où le contrat doit être exécuté, la *lex loci solutionis.*

83. — Cette dernière opinion est celle soutenue par M. de Savigny [2]. Si le contrat a été passé dans tel lieu plutôt que dans tel autre, dit-il, c'est là un fait purement accidentel, fugitif, étranger à l'essence de l'obligation comme à son développement et à son efficacité ultérieure. Il ne faut donc pas s'attacher à l'endroit où l'acte a été passé, tant qu'une considération plus puissante tirée d'un ordre d'idées différent ne vient pas

---

[1] *System,* § 370, t. VIII, p. 204 (trad. Guenoux).
[2] *Loco citato,* p. 205.

démontrer que c'est à ce lieu que les parties ont entendu s'attacher. L'accomplissement appartient au contraire à l'essence même de l'obligation. Celle-ci consiste, en effet, à rendre certaine et nécessaire une chose auparavant incertaine. Cette chose est l'exécution même de l'obligation. C'est sur elle que se concentre l'attention des parties. C'est donc à elle qu'il faut s'attacher pour déterminer le *droit local* de l'obligation.

Tel est aussi le sentiment de Story [1], lequel décide que, lorsque le lieu d'exécution est distinct du lieu de la formation du contrat, il faut suivre la loi du lieu où le contrat doit recevoir son accomplissement. On doit présumer, dit-il, l'intention des parties de faire régir la validité, la nature, le lien et l'interprétation par la loi du lieu de l'exécution.

Mais il peut se faire que les parties ne se soient pas expliquées sur le lieu de l'exécution. Dans ce cas, Story s'attache à la *lex loci actus*. M. de Savigny, au contraire, décide que « chaque partie reste soumise au droit de son domicile [2] ». Telle est aussi la solution que donne Wachter [3], mais en la généralisant et en l'appliquant à tous les cas, sans avoir égard au lieu de l'exécution. Mais cette opinion qui a pour résultat

---

[1] *Commentaries on the conflict of laws,* § 280 et s.
[2] *System,* § 373, t. VIII, p. 254 (trad. Guenoux).
[3] *Archiv für die civilistische Praxis,* t. XXV, p. 45.

de faire régler cumulativement un même rapport de droit par deux lois différentes, aboutit à une impossibilité manifeste. Comment trouver le moyen de faire régir le droit du créancier par la loi de son domicile, tout en laissant l'obligation, qui est corrélative à ce droit, soumise à la loi du domicile du débiteur ?

Mais revenons au cas où les parties se sont exprimées sur le lieu de l'exécution. La théorie qui s'attache uniquement à la *lex loci solutionis* nous semble inadmissible. Que les parties aient voulu se soumettre à cette loi en ce qui concerne l'exécution du contrat, cela est possible. Mais il est déraisonnable d'aller plus loin et de prétendre que leur intention a été de se soumettre à cette loi en ce qui concerne la formation, la validité et les effets de la convention intervenue entre elles. Voici, par exemple, un contrat qui est attaqué pour cause de dol. Faut-il donc, pour l'apprécier, s'en référer à la loi du lieu où le contrat doit être exécuté, doit prendre fin, alors que le dol s'est produit au moment où l'obligation est née, et que c'est à cette époque qu'il faut se reporter pour l'apprécier ? Cela est contradictoire. Dans l'espèce, puisque, pour savoir s'il y a dol, on se reporte à la naissance de l'obligation, n'est-il pas tout naturel, lorsqu'il s'agit d'en déterminer les conséquences, de dire également : *initium est spectandum*. Et, s'agissant de déterminer les effets de l'obligation, il est au moins singulier de se reporter à la loi du lieu où ils cessent de se produire. Enfin, si le contrat est synallagmatique, il est possible que les obligations de chaque partie doivent être exécutées dans des lieux soumis à des législations différentes ; dans ce cas à laquelle s'attacher [1] ?

84. — Dans l'opinion qui s'attache à la *lex loci solutionis*, la question de savoir où s'est formé le contrat est sans influence sur la détermination de la loi à appliquer. Mais il en va tout autrement dans l'opinion contraire qui s'attache à la *lex loci actus*. Dans ce système, en effet, la loi à appliquer varie suivant que l'on décide que c'est chez le pollicitant ou chez l'acceptant que s'est formé le contrat.

Le système qui, dans le silence des parties, applique à la convention la loi du lieu où elle a été passée, est conforme à la tradition. Cette loi régissait, dans notre ancien Droit féodal, la formation et les effets du contrat, par application de la maxime : « Toutes coutumes sont réelles. » Dumoulin et plus tard Boulle-

---

[1] Voir, au surplus, pour la réfutation de l'opinion qui s'attache à la *lex loci solutionis* : Surville et Arthuys, *op. cit.*, n° 226. — Les partisans de cette opinion invoquent aussi en leur faveur certains textes empruntés au Droit romain, notamment les lois 21, D., *de Obl. et act.*, et 3, D., *de Rebus auctor jud. poss.* Mais il suffit, pour écarter l'argument que l'on a essayé de tirer de ces textes, d'observer que la notion même de Droit international privé était inconnue des Romains (Voir pour la démonstration de cette proposition : Lainé, *Introduction au Droit international privé*, t. I, p. 54. Le contraire, il est vrai, vient d'être soutenu récemment dans une communication faite à Paris au Congrès des sociétés savantes, le 30 mai 1890, par M. Chenon, sur la *loi pérégrine*. V. *Journal officiel* du 30 mai 1890, p. 2576.)

nois se sont également attachés à la *lex loci actus*.
Cette théorie invoque, en outre, un argument d'analogie tiré de l'article 1159 C. civ. d'après lequel: « Ce
qui est ambigu s'interprète par ce qui est d'usage dans
le pays où le contrat est passé [1]. »

Mais à cette opinion il est facile de répondre : L'article 1159 est un texte de Droit privé national qui a
pour but de déterminer de quelle utilité peut être,
pour l'interprétation des contrats, l'usage considéré
comme source du Droit ; cette disposition ne saurait
avoir aucune valeur en Droit international. La tradition historique est pour le moins obscure. La maxime :
« Toutes coutumes sont réelles, » sur laquelle on
s'appuyait à l'époque féodale pour appliquer la *lex
loci actus*, est en contradiction avec tout notre Droit
moderne. Quant à Dumoulin, le motif même sur lequel
il appuyait sa décision — à savoir que c'est à la *lex
loci actus* que vraisemblablement les parties ont entendu
se reporter, — contient en germe cette idée à laquelle
nous nous rattachons, et que nous croyons la seule
logique et la seule vraie : il faut, avant tout, rechercher
la volonté probable des parties [2].

---

[1] Fœlix et Demangeat, *Traité de Droit international privé*, 4ᵉ édition
t. I, nᵒ 98. — Merlin, *Rép.*, vᵒ *Loi*, § 6, nᵒ 2. — Cpr également un
arrêt de la Cour provinciale de la Gueldre du 14 juillet 1871 qui,
faisant en même temps application de la théorie de l'information,
décide que, dans le silence des parties, le contrat est régi par la loi
du lieu où l'offrant a connu la lettre d'acceptation (*Revue de Droit
international et de législation comparée*, 1872, t. IV, p. 659).

[2] Voir, au surplus, pour la réfutation du système qui s'attache à
la *ex loci actus* : Surville et Arthuys, *op. cit.*, nᵒ 219.

85. — Les théories que nous venons d'exposer ont, en effet, le tort d'être trop absolues et d'appliquer une loi unique et invariable dans des circonstances qui peuvent être fort diverses. La seule règle à suivre ici est la volonté des parties. Lorsqu'elles n'ont manifesté leur intention ni expressément ni tacitement, il faut d'abord rechercher quelle a été leur volonté probable. Or, il est tout vraisemblable qu'elles ont eu l'intention de s'en rapporter à la loi qu'elles connaissaient le mieux. Mais la loi qui est le mieux connue d'une personne, c'est celle de son domicile, parce que là est le siège de ses affaires, là elle passe la plupart des actes de sa vie civile. Par conséquent, si les parties ont même domicile, ce sera la loi de ce domicile qui régira le contrat. Peu importe que le contrat soit passé dans un autre pays. Peu importe que l'une des parties ou même toutes les deux aient ailleurs leur nationalité.

Nous maintiendrions cette solution même dans l'hypothèse où les deux parties étant domiciliées toutes les deux à l'étranger seraient de même nationalité. Supposons, par exemple, deux Anglais domiciliés en France. C'est la loi française qui est celle de leur domicile, et non la loi anglaise qui est celle de leur nationalité, qui régira le contrat intervenu entre eux. Telle est du moins la solution que nous croyons la plus conforme à la volonté probable des parties. La loi du domicile est, en effet, la loi du pays où les parties ont leurs affaires et leurs intérêts. C'est cette loi qu'elles voient quotidiennement appliquer autour d'elles, et qui règle la plupart de leurs relations civiles.

Est-ce à dire pour cela qu'il ne faille tenir aucun compte du lien de nationalité ? Ce serait, croyons-nous, contraire à l'intention des contractants. Somme toute, la loi du pays dont les contractants sont nationaux, est, après la loi de leur domicile, celle qu'ils connaissent sans doute le mieux. L'unité de patrie, lorsqu'elle existe, forme entre eux un lien commun dont il serait injuste de ne tenir aucun compte. Par suite, si les parties sans avoir même domicile ont même nationalité, le contrat sera régi par la loi de leur nationalité.

Et que l'on n'objecte pas : il faut choisir entre le domicile et la nationalité ; on ne peut s'attacher aux deux liens à la fois. L'objection porterait s'il s'agissait d'appliquer impérativement une loi. Mais telle n'est pas notre question : il s'agit uniquement ici d'interpréter la volonté des contractants. Or, notre interprétation est la suivante. Si les parties ont même domicile, elles ont probablement voulu suivre la loi de ce domicile. Lorsque, sans avoir même domicile, elles ont même nationalité, leur intention a sans doute été de s'en rapporter à une loi qui n'était peut-être pas celle que chaque partie connaissait le mieux, mais qui avait au moins l'avantage d'être également connue des deux contractants. Il n'y a rien d'illogique à interpréter en ce sens la volonté des parties.

Mais supposons que les contractants n'aient ni même domicile ni même nationalité. Il faut rechercher s'il n'y a pas une législation également connue des contractants et qui soit de nature à former un lien commun entre eux. S'il en existe une, c'est à elle que, suivant toutes probabilités, ils auront entendu se référer. Or ceci se produit lorsque, les contractants n'ayant ni même domicile ni même nationalité, l'un d'eux a son domicile dans le pays dont l'autre est national : il faut alors appliquer au contrat la loi de ce pays. Il y a là, en effet, une législation également connue des deux parties, qui forme entre elles comme un trait d'union, et il est probable que leur intention a été de s'y référer.

Enfin, peut-être les contractants ne sont-ils unis par aucun lien de domicile ou de nationalité. C'est dans ce cas seulement et en désespoir de cause qu'il y aura lieu d'appliquer la *lex loci actus*. A quelle autre loi les parties auraient-elles pu en effet avoir la volonté *commune* de soumettre leur contrat ? A la *lex loci solutionis ?* C'est bien moins probable. Le lieu indiqué pour le paiement n'a peut-être été choisi que pour ce seul motif : que les parties auront l'occasion de s'y rencontrer à un moment donné. Qui s'avisera de penser que le commerçant italien et le commerçant allemand qui ont choisi Paris comme lieu de paiement, parce qu'ils pensaient se rencontrer dans cette ville au moment de l'Exposition, ont eu un seul instant l'intention de se soumettre à la loi française qu'ils ignorent tous les deux? Ce serait là une interprétation de volonté singulière.

La volonté des parties — quelque faible que soit cette probabilité — a plutôt été de s'en rapporter à la loi du lieu où le contrat a été passé. Or cette loi, dans le système que nous avons adopté, est celle du lieu d'où a été expédiée la lettre d'acceptation. C'est dans ce cas ainsi rigoureusement déterminé, c'est pour cette hypothèse seulement, que la controverse étudiée dans la première section de ce chapitre présente à nos yeux un intérêt par suite de l'application de la théorie de l'autonomie.

86. — Encore y a-t-il lieu de limiter l'étendue de cette application. La théorie de l'autonomie, en effet, ne donne pas la solution de toutes les difficultés qui peuvent s'élever au sujet d'un contrat.

La portée pratique du principe d'autonomie se limite, d'une façon générale, aux conditions d'existence et de validité du contrat, ainsi qu'à ses effets, — sans qu'il y ait lieu toutefois de distinguer à ce dernier point de vue entre les *effets* proprement dits, conséquences directes et naturelles du contrat, et les *suites* purement accidentelles de la convention, ainsi que cela a été proposé dans une opinion que nous repoussons [1], mais dont la réfutation nous entraînerait trop loin de notre sujet.

Voici un exemple d'une difficulté à résoudre par l'application du principe d'autonomie et qui montrera du même coup l'intérêt de notre controverse sur le lieu de la formation du contrat par correspondance.

Une vente est conclue par correspondance entre un Allemand domicilié à Berlin et un Français domicilié à Paris. Le Berlinois est à la fois le vendeur et le pollicitant; le Français est l'acheteur-acceptant. Les contractants — qui ne sont unis par aucun lien de domicile ni de nationalité — n'ont indiqué ni expressément ni tacitement leur intention de se soumettre à telle loi plutôt qu'à telle autre. C'est donc à la *lex loci actus* qu'il faudra recourir pour la réglementation des conditions de formation et des effets du contrat. La chose vendue, supposons-le, est un immeuble, et le vendeur intente une action en rescision fondée sur une lésion supérieure à la moitié du prix, mais inférieure aux sept douzièmes. Une telle lésion suffit en Allemagne pour faire rescinder le contrat. Voici alors où apparaît l'intérêt de la controverse que nous avons discutée

---

[1] Fœlix et Demangeat, *Traité de Droit international privé*, 4° édition t. I, p. 247 à 256.

dans notre section I. D'après les partisans de la théorie de l'information, le contrat a été formé dans le lieu où le pollicitant a reçu la lettre d'acceptation, c'est-à-dire à Berlin. La loi allemande est donc la *lex loci contractus :* c'est à cette loi que les parties sont présumées avoir voulu se soumettre. C'est elle qu'il faut suivre; par suite, le contrat de vente doit être rescindé pour lésion. Dans la théorie de l'agnition, il faut décider au contraire que la *lex loci contractus* est la loi française, et déclarer en conséquence la vente valable.

87. — Pour achever de déterminer l'intérêt de notre controverse en Droit international privé, il nous reste maintenant à nous demander dans quelle mesure il y a lieu de recourir à la loi du lieu où le contrat s'est formé pour la solution des difficultés qui peuvent s'élever au sujet d'un contrat, tout en échappant à l'application du principe d'autonomie. Nous allons voir que, pour certaines de ces difficultés, il n'y a jamais lieu de s'en référer à la *lex loci contractus ;* pour d'autres, au contraire, il faut toujours l'appliquer. L'intérêt de notre controverse est ainsi tantôt nul, tantôt beaucoup plus considérable que lorsqu'il est subordonné à l'interprétation de la volonté probable des parties.

C'est ainsi, tout d'abord, que la capacité des parties n'est jamais déterminée par la *lex loci con-*

tractus. Elle est en effet uniquement réglée par la loi nationale des contractants, et leur volonté ne pourrait ni la diminuer ni l'augmenter. Il y a là tout un ordre de difficultés qui se trouve évidemment soustrait à l'application du principe d'autonomie.

Restent également en dehors de cette doctrine les conditions de forme du contrat. L'adage *Locus regit actum* conduit en cette matière à appliquer dans tous les cas la *lex loci actus*. L'intérêt de la question de savoir où s'est formé le contrat par correspondance, intérêt qui disparaît complètement lorsqu'il s'agit de fixer la capacité des parties, reparaît donc ici, avec une importance plus grande, puisque l'application de la *lex loci contractus* résulte de la loi, et non plus de la volonté simplement possible des contractants.

88. — On peut seulement se demander à ce dernier point de vue si l'application de la *lex loci contractus* est obligatoire, ou si, au contraire, la règle *Locus regit actum* est simplement facultative. L'absence de textes a fait naître sur ce point une controverse dont l'examen détaillé dépasserait les bornes de ce travail. Regardée comme obligatoire dans l'ancien Droit où elle était une conséquence de la maxime féodale *Toutes coutumes sont réelles*, la règle *Locus regit actum* est généralement considérée comme purement facultative

par les jurisconsultes modernes [1], et par les législations étrangères les plus récentes [2].

Mais quel intérêt peut bien avoir cette controverse au point de vue des contrats par correspondance? Une lettre n'est pas un acte, et les formalités exigées pour les actes authentiques ou sous seing privé ne sont pas en cause ici. — Sans doute, mais la question peut se poser lorsque c'est la nécessité même d'une solennité qui est en jeu, et voici comment :

En France, la donation est un contrat solennel qui n'est pas susceptible de se former par lettre missive. En Allemagne, au contraire, un contrat de donation n'a besoin pour être valable d'aucune solennité, et peut par suite se former par correspondance. Un Allemand reçoit en France une lettre d'outre-Rhin contenant une offre de donation. Il répond immédiatement par une lettre d'acceptation. *Quid ?*

D'après la théorie de l'information, le contrat est valable sans difficulté, car c'est en Allemagne que le contrat s'est formé. Dans l'opinion que nous avons adoptée, au contraire, le contrat se forme en France, car c'est de France qu'a été expédiée la lettre conte-

---

[1] Argument article 999, C, civ. V. Aubry et Rau, § 31 texte et notes 78 et 79. — Surville et Arthuys, *op. cit.*, n°° 204 et suivants.

[2] Telle est notamment la décision de l'article 9 du titre préliminaire du Code civil italien, ainsi conçu : « Les formes extrinsèques des actes entre vifs suivent la loi du lieu où ils se font. Les contractants ont cependant la liberté de s'en tenir aux formes fixées par leurs lois nationales pourvu qu'elles soient communes à toutes les parties. »

nant le consentement de l'acceptant. Cela étant, la donation sera-t-elle valable? Non, si l'on prétend que la règle *Locus regit actum* est obligatoire, car, dans ce système, le contrat n'est valable que s'il est rédigé dans la forme solennelle exigée par la loi française. Oui, si l'on pense que la règle *Locus regit actum* est simplement facultative.

C'est cette dernière opinion, croyons-nous, qu'il faut adopter. Faire de la *lex loci contractus* une règle obligatoire à laquelle il serait impossible de soustraire la forme d'un contrat, pouvait être en harmonie avec la doctrine féodale où la théorie de la territorialité des lois était poussée au-delà de toute limite raisonnable; mais cela est absolument contraire à la tendance générale du Droit moderne.

L'espèce que nous venons d'examiner n'est, il est vrai, généralement pas prévue par les auteurs qui discutent au contraire longuement le cas où la loi étrangère est moins rigoureuse, moins formaliste que la loi nationale des parties. Ce dernier cas est, en effet, de nature à se présenter bien plus souvent. Il est évident que les contractants, qui peuvent bien être tentés de franchir la frontière pour se soustraire à certaines règles gênantes, ne passeront pas à l'étranger pour se soumettre à un Droit plus rigoureux. Il est bien certain que, dans l'espèce que nous avons construite, le futur donataire ne se rendra pas en France exprès pour contracter. Mais peut-être l'offre, à laquelle il ne s'attendait pas, lui arrive au cours d'un voyage. Sans doute, il a la ressource de retourner en Allemagne ; mais peut-être, à son retour, le pollicitant aura changé d'avis et ne voudra plus donner. Il est donc fort important pour le donataire que la convention intervenue en France soit dès maintenant valable et obligatoire pour le donateur ; et il y a grand intérêt, à ce point de vue, à décider que la règle *Locus regit actum* est simplement facultative.

89. — Il nous reste, pour terminer, à examiner dans quelle mesure la *lex loci contractus* peut s'appliquer à l'extinction des obligations nées du contrat. Pour cela, il faudrait entrer dans l'examen détaillé des différents modes d'exécution des obligations. Nous ne voudrions pas pousser trop loin cette incursion déjà longue sur le terrain du Droit international privé, d'autant plus que, dans presque tous les cas, nous serons amenés à écarter l'application de la *lex loci contractus*, et à déclarer ainsi que notre controverse est sans intérêt en la matière[1]. Aussi nous contenterons-nous de passer rapidement en revue les principaux modes d'extinction des obligations :

a) *Paiement*. — La loi personnelle des parties détermine si elles ont la capacité nécessaire pour faire ou

---

[1] Voir pour plus de détails sur ce point : Surville et Arthuys, *op. cit.*, n°ˢ 264 à 273.

recevoir un paiement. Les autres règles relatives à la validité et aux effets du paiement sont réglées d'après la doctrine de l'autonomie. Toutefois, en ce qui concerne le mode d'exécution du paiement, la monnaie en laquelle il doit être fait, il y a lieu, dans le silence des parties, de présumer qu'elles ont voulu s'attacher, non plus à la *lex loci actus*, mais à la *lex loci solutionis*. C'est également cette dernière loi qui règle la mise en demeure, et, en général, tout ce qui a trait à l'exécution forcée du contrat.

b) *Subrogation légale. Actions en nullité ou en rescision. Condition résolutoire. Perte de la chose due.* — Appliquer la loi qui, d'après la théorie de l'autonomie, règle les effets de l'obligation éteinte.

c) *Subrogation conventionnelle. Novation. Remise de dette.* — Ce sont là des conventions nouvelles qui, à leur tour, seront également régies d'après les règles que nous avons indiquées dans cette section.

d) *Compensation.* — Pour qu'elle puisse s'opérer, il faut, croyons-nous, qu'il soit également satisfait aux exigences particulières de chacune des différentes législations qui règlent les effets de chacune des obligations à éteindre.

e) *Prescription libératoire.* — Une controverse fort importante s'élève sur le point de savoir quelle loi doit être appliquée à la prescription extinctive des obligations. Cette controverse offre un grand intérêt

pratique, car les règles sur la durée de la prescription varient beaucoup d'une législation à l'autre. Sans
examiner en détail tous les systèmes qui ont été proposés, nous nous bornerons à faire remarquer — c'est
le seul point qui nous intéresse ici — qu'une des opinions les moins soutenables est certainement celle qui,
par application de la doctrine de l'autonomie, s'attache
à la loi du lieu où l'obligation a été formée [1]. Cette
doctrine nous paraît devoir être repoussée par les raisons suivantes : — La volonté des parties, souveraine
lorsqu'il s'agit de régler les effets des contrats, est
ici indifférente et inefficace. Les contractants, qui ne
pourraient pas modifier directement la durée de la
prescription par une convention expresse (argument
art. 2220 C. civ.), ne peuvent pas non plus la diminuer ou l'augmenter indirectement en s'en rapportant
d'une façon expresse ou tacite à telle ou telle législation. On objecte que la prescription, qui repose sur
une présomption de paiement, affecte l'obligation elle-
même et doit être soumise à la même loi que le
contrat. Mais il est facile de répondre que la prescription est, en réalité, une exception, un moyen de défense
contre l'action née du contrat. Il faut donc écarter ici
la théorie de l'autonomie et repousser par suite l'ap-

---

[1] Cpr cep. en ce sens : *Consultation* de MM. Ballot, Demangeat,
Plocque et de Vatismesnil, *Revue pratique*, 1859, t. VIII, p. 333 et s.
— Aubry et Rau, § 31, note 8, t. I, p. 108.

plication de la *lex loci contractus* à laquelle elle pourrait conduire. La question devient par suite indifférente au point de vue de la controverse dont nous recherchons ici les intérêts. Nous n'examinerons donc pas les autres systèmes qui ont été proposés. On les trouvera fort bien exposés et discutés par M. Labbé (note sous Cass., 13 janvier 1869 ; S., 1869, 1, 49). Cet arrêt s'attache à la loi du domicile du débiteur au moment des poursuites. C'est, croyons-nous, la meilleure solution.

CHAPITRE III

FORMATION DES CONTRATS PAR CORRESPONDANCE (*suite*)

90. — Dans le chapitre précédent, nous avons étudié la formation des contrats par correspondance en écartant *a priori* toutes les complications qui peuvent en contrarier la marche normale et régulière. Mais on conçoit que les choses ne se passent pas toujours aussi simplement. L'une des parties peut changer d'avis, mourir ou devenir incapable dans l'intervalle qui s'écoule entre l'envoi de la lettre de pollicitation

et la réception de la lettre d'acceptation. Que faudra-t-il conclure du silence gardé par l'une des parties? Et si les lettres se croisent, que décider ? Voilà une foule de questions très pratiques.

L'étude de ces difficultés se rattache à la question de l'existence même du contrat, et peut-être aurait-il été plus logique d'examiner s'il y a contrat, avant de se demander quand est formé le contrat. Mais la solution à donner aux questions que nous allons examiner varie suivant le système adopté dans la controverse développée au chapitre précédent. Il était donc nécessaire de connaître d'abord cette controverse. Ce sont encore des intérêts pratiques de cette grosse question que nous allons étudier ici, et, à ce point de vue, notre chapitre III forme la suite naturelle de la dernière section du chapitre II.

Nous allons étudier isolément et dans autant de sections distinctes les différentes difficultés que nous venons d'indiquer. D'où quatre sections.

SECTION I

RÉVOCATION DE L'OFFRE OU DE L'ACCEPTATION

91. — Le pollicitant qui vient d'envoyer la lettre d'offres ou l'acceptant qui vient de répondre par une lettre d'acceptation change d'avis. La partie qui re-

grette ainsi de s'être engagée expédie aussitôt une dépêche ou une nouvelle lettre contremandant la première. Que va-t-il en résulter?

Deux hypothèses — entre lesquelles les auteurs n'établissent pas en général une différence suffisamment tranchée — doivent être ici distinguées.

§ I. — *La révocation arrive avant le consentement primitivement donné, ou au plus tard en même temps.*

92. — L'hypothèse est bien simple à construire. Il suffit pour cela de supposer qu'une seconde lettre est écrite immédiatement de façon à partir par le même courrier, ou que l'expéditeur de la première lettre envoie aussitôt un télégramme qui la devance. Rien n'est aujourd'hui plus facile, et il n'est plus besoin de supposer, comme le faisait Troplong en 1835, que l'auteur de la lettre prend le bateau à vapeur de façon à arriver avant elle chez le destinataire.

Cette révocation est-elle valable? Quelles en sont les conséquences?

Pour répondre à cette question, il faut distinguer suivant que la révocation a pour objet l'offre ou l'acceptation.

93. — I. RÉVOCATION DE L'OFFRE. — Si c'est la pollicitation qui est révoquée, aucune difficulté ne

peut se présenter. Qu'importe le consentement tardif du destinataire, puisque, au moment où il est mis par la lettre d'offres à même de se prononcer, il sait que le pollicitant a changé d'avis ? Il ne saurait y avoir accord de volontés, convention. Le contrat ne peut pas se former. La première lettre est complètement anéantie par la lettre ou le télégramme postérieur.

Et peu importe, remarquons-le, que le pollicitant se soit engagé à maintenir l'offre pendant un certain temps. La révocation est efficace même en ce cas. C'est ce qu'il est facile de démontrer.

Lorsque Primus, de Poitiers, écrit à Secundus, de Bordeaux : « Je vous offre cent mille francs de la propriété que vous avez dans le Poitou. Si vous acceptez mon offre, répondez-moi d'ici quinze jours. Passé ce délai, je ne m'engage plus à maintenir ma proposition », il y a dans sa lettre deux choses : 1° l'offre d'acheter la propriété pour cent mille francs, de former un contrat synallagmatique de vente ; 2° l'offre de prendre l'engagement de maintenir sa proposition pendant quinze jours, c'est-à-dire de former un contrat unilatéral que M. Rippert[1] appelle d'une expression très heureuse un *contrat de proposition*. Chacune de ces deux promesses ne se transformera en une convention obligatoire que lorsqu'elle aura été accep-

---

[1] *De la vente commerciale, Revue pratique*, 1874, t. XXXVII, p. 177.

tée. Le contrat unilatéral, comme le contrat synallagmatique, n'est parfait que par l'accord des volontés. Or, à aucun moment, cet accord n'a existé. La révocation a fait disparaître, avant qu'elle ait pu être acceptée, l'offre de passer le contrat de proposition aussi bien que celle de passer le contrat de vente.

La révocation de l'offre peut-elle au moins donner lieu à des dommages-intérêts ? Non, car le pollicitant, en retirant son offre, n'a causé aucun tort à celui à qui elle était adressée. La proposition contenue dans la première lettre ne constituait pas un droit acquis pour le destinataire ; et, puisque la révocation est arrivée par hypothèse au plus tard en même temps que l'offre, il n'a eu le temps de faire de bonne foi aucune dépense en vue de l'exécution du contrat proposé.

Conclusion : lorsque la révocation arrive avant ou en même temps que l'offre, elle empêche toujours le contrat de se former et ne donne jamais lieu à des dommages-intérêts.

94. — II. RÉVOCATION DE L'ACCEPTATION. — Plaçons-nous maintenant dans l'hypothèse où c'est la lettre d'acceptation qui est révoquée. Cette révocation est-elle valable ? — toujours en supposant, bien entendu, que la révocation arrive au plus tard en même temps que la première lettre.

Oui, dit-on dans la théorie de l'information, car le

contrat n'est pas encore formé au moment où la révocation arrive et celle-ci empêche le concours des volontés de s'effectuer désormais.

Non, conduirait à dire logiquement la théorie de l'agnition, car il y avait déjà coexistence des volontés et le contrat était formé au moment où la révocation a été expédiée.

Certains partisans de cette théorie vont effectivement jusque-là. Mais nous avons vu que cette impossibilité de révoquer valablement l'acceptation était un des points faibles de la théorie de la déclaration et avait déterminé nombre d'auteurs à se ranger à l'opinion contraire. Aussi pensons-nous qu'il y a lieu d'apporter sur ce point un tempérament à la rigueur des principes. Il y a ici, en effet, une question de bonne foi qui doit dominer. Le pollicitant qui reçoit la révocation avant ou en même temps que l'acceptation, n'éprouve aucune déception. Il n'a jamais cru à l'existence du contrat. Ce n'est pas la lettre d'acceptation, c'est le consentement de l'acceptant qui fait le contrat. Et, en définitive, le pollicitant ne doit pas trouver mauvais que l'autre partie rattrape en quelque sorte son consentement au vol, puisque lui-même aurait pu en faire autant.

On crie à la contradiction comme si une logique absolue s'imposait toujours au jurisconsulte. Mais ce reproche nous touche peu car il nous paraît procéder d'une *éducation juridique* insuffisante, et nous serions volontiers tenté d'y répondre en reproduisant cette parole d'un de nos maîtres auquel nous avons entendu dire autrefois, parodiant un mot célèbre de Leibnitz : « Un peu de Droit éloigne du bon sens, mais beaucoup de Droit y ramène, » — parole que nous n'avons bien comprise que depuis. Le Droit est fait de tempéraments ; du moins, comme toutes les autres sciences sociales, comme la Politique, comme l'Économie politique, comme l'Histoire, il n'est juste qu'à cette condition. Les règles du Droit doivent être entendues et appliquées avec modération. *Summum jus, summa injuria.* Le devoir du juge est non pas d'être toujours logique avec lui-même, mais d'être juste. Le jurisconsulte ne rencontre sur le chemin de l'équité qu'une seule limite qu'il lui soit interdit de franchir : il ne doit pas se mettre en contradiction avec la loi. Or, ici la loi est indécise, ou plutôt elle est muette, et nous en profitons pour donner une solution particulière commandée par le bon sens et par la bonne foi, préférant l'équité à la stricte logique.

D'ailleurs, si l'on n'admet pas que l'interprète puisse prendre sur lui de tempérer par l'équité la rigueur des principes, on ne peut du moins refuser cette faculté au législateur. Déjà, en 1862, le jurisconsulte italien Serafini écrivait[1] qu'il serait désirable qu'à titre de *jus singulare,* une disposition législative apportât

---

[1] *Le télégraphe dans ses rapports avec la jurisprudençe,* § 24.

pour le cas de révocation de l'acceptation, une exception au système de la déclaration. Ce conseil a été suivi par les législations suisse et allemande qui, tout en admettant le système de l'expédition[1], consacrent expressément le tempérament que nous venons de développer. On lit, en effet, dans l'article 7 du Code fédéral suisse des Obligations : « *L'offre est considérée* « *comme non avenue si le retrait en parvient à l'au-* « *tre partie avant l'offre ou en même temps. De* « *même, l'acceptation est considérée comme non* « *avenue si le retrait en parvient à l'auteur de l'of-* « *fre avant l'acceptation ou en même temps.* » L'article 320 du Code de commerce allemand — dont la disposition se trouve d'ailleurs reproduite dans le projet de Code civil — porte également : « *Si la ré-* « *vocation d'une offre parvient à celui à qui l'offre* « *est faite avant l'offre ou en même temps qu'elle,* « *cette offre doit être réputée non avenue. L'accep-* « *tation doit être de même réputée non avenue si la* « *révocation de l'acceptation est arrivée chez l'offrant* « *avant la déclaration de l'acceptation, ou en même* « *temps que cette acceptation.* »

Ce retrait de l'acceptation, pas plus que la révocation de l'offre, ne donne lieu à des dommages-intérêts. Il ne peut, en effet, causer aucun tort au pollicitant.

[1] V. plus haut, n° 68.

Concluons donc comme tout à l'heure : lorsque la révocation arrive avant ou en même temps que l'acceptation, elle empêche toujours le contrat de se former, et ne donne jamais lieu à des dommages-intérêts.

§ II. — *La révocation arrive après le consentement primitif.*

95. — Comme tout à l'heure, nous allons envisager successivement la révocation de l'offre et la révocation de l'acceptation, mais en commençant d'abord par cette dernière, car ici c'est la révocation de l'acceptation qui soulève le moins de difficultés.

Mais auparavant, il importe de faire une observation essentielle qui est la suivante. D'une façon générale, et sauf ce qui sera dit au n° 108, il n'y a pas à distinguer entre le cas où la lettre de rétractation a été envoyée avant la réception de la première lettre et celui où elle n'est partie qu'après. Peu importe le moment où la rétractation a été expédiée. Il est trop tard. Le tout était d'arriver à temps.

96. — I. Révocation de l'acceptation. — Une lettre de révocation arrivant chez le pollicitant après la lettre d'acceptation est inefficace. Cela est de toute évidence dans le système de la déclaration que nous avons adopté. Quand cette seconde lettre est envoyée,

il y a déjà coexistence des volontés. Le contrat est formé, et il existe entre les parties un lien obligatoire auquel elles ne peuvent plus se soustraire. Et si dans ce système on admet la validité d'une révocation qui arrive au plus tard en même temps que la première lettre, c'est là une disposition toute de faveur qu'il faut bien se garder d'étendre.

La difficulté est un peu plus grande dans la théorie de l'information où l'on pourrait raisonner ainsi : — Puisque le contrat n'est formé qu'au moment où le pollicitant reçoit la lettre d'acceptation, il faut de toute nécessité, pour que l'obligation prenne naissance, que le consentement de l'acceptant persiste jusqu'à ce moment-là ; autrement le concours de volontés n'existe pas. Par conséquent, il faut déclarer valable la révocation dans le cas où elle a été écrite par l'acceptant avant la réception de sa première lettre, sauf à régler ensuite la question des dommages-intérêts, s'il y a lieu.

Mais à cela on peut répondre : — Si l'acceptation n'est valable que lorsqu'elle est connue du pollicitant, il doit en être de même de la rétractation. La révocation ne peut donc produire son effet que lorsqu'elle arrive à l'offrant. Or, à ce moment là, il est trop tard et, même dans le système de l'information, le contrat est formé.

La rétractation arrivée après la lettre d'acceptation est donc, de toutes les manières, inefficace, quelque soit la théorie adoptée. Peu importe d'ailleurs que cette révocation soit intégrale ou qu'elle restreigne seulement la portée de l'acceptation primitive. C'est ainsi que celui qui a répondu : « Oui, » par télégramme ne peut pas par une lettre postérieure apporter des restrictions à son adhésion première (Tribunal de commerce de Nantes, 7 janvier 1865 ; D., 65, 3, 22). Et, quand bien même il parviendrait à démontrer qu'il n'a jamais entendu s'engager que dans les limites indiquées par sa lettre, il pourrait encore être condamné à l'exécution intégrale du contrat, car ce sont là les meilleurs dommages-intérêts que l'on puisse accorder au pollicitant.

97. — II. RÉTRACTATION DE L'OFFRE. — Si la révocation de l'acceptation est nulle sans difficulté, il en va tout autrement de la rétractation de l'offre. Ici deux cas sont à prévoir, suivant que le pollicitant s'est ou non engagé à maintenir son offre pendant un certain temps.

98. — 1°. *Le pollicitant ne s'est engagé ni explicitement ni implicitement à maintenir l'offre.*

Dans ce cas, il peut se rétracter tant que le contrat n'est pas formé, sauf à payer des dommages-intérêts s'il y a lieu. Insistons sur chacun de ces points.

Que faut-il d'abord entendre par ces mots : le pollicitant peut retirer son offre *tant que le contrat n'est pas formé?*

Dans la théorie de l'information, cela veut dire: le retrait de l'offre est valable et le contrat ne se forme pas, *si la lettre de rétractation est lue par l'acceptant avant que la lettre d'acceptation ne soit connue du pollicitant.* Dans cette opinion, en effet, il faut pour être logique considérer toujours le moment où le destinataire de la lettre en prend connaissance; l'époque de son expédition est absolument indifférente.

Dans la théorie de l'agnition (système de l'expédition), il faut dire au contraire: la rétractation de l'offre est valable, *pourvu qu'elle soit expédiée avant l'acceptation.* Lorsque l'acceptant s'est dessaisi de son consentement, il est trop tard; le contrat est formé.

Au fond, le raisonnement est le même dans les deux théories. Le contrat ne se forme que par l'accord des volontés. L'envoi de la lettre de révocation, disent les uns, sa réception, prétendent les autres, empêche cet accord de se produire. Dès lors, le contrat ne peut plus se former; il est trop tard, et l'envoi de la lettre d'acceptation, d'après les premiers, sa réception, d'après les seconds, demeure efficace.

99. — Mais supposons cette révocation expédiée ou reçue à temps. Ce retrait de l'offre a pu causer

beaucoup de torts à la partie qui s'apprêtait à l'accepter. Serafini [1] a très bien mis en lumière les différents préjudices qui peuvent résulter de cette retractation dans le passage suivant: « Titius de Gênes offre à Caius de Paris la vente en gros d'une quantité considérable de marchandises. La dépêche déposée au bureau télégraphique de Gênes arrive à Caius vers midi. Celui-ci, par un télégramme en date de 6 heures du soir, accepte et demande la prompte expédition des marchandises. Mais, par une dépêche en date de 5 heures, Titius avait notifié à Caius la vente à des tiers des marchandises offertes, et il retirait son offre. La dépêche arrive à Caius à 7 heures. Mais quoi? Caius avait déjà loué un vaste magasin pour recevoir les marchandises achetées, et fait aussi quelques autres dépenses à cette même fin. Il avait enfin revendu une bonne partie de ces marchandises à un tiers, et, qui pis est, il avait refusé une proposition fort avantageuse qui lui avait été faite peu après l'acceptation de l'offre de Titius. De plus des événements particuliers font sensiblement augmenter le prix des marchandises de cette nature, de façon que Caius, outre la perte subie, n'est plus en état de maintenir les engagements qu'il avait pris. »

Certes, après tous ces malheurs il serait bien dur

---

[1] *Le télégraphe dans ses rapports avec la jurisprudence*, § 18.

de ne pas indemniser le pauvre Caius. Certains auteurs l'ont pourtant proposé. Après tout, ont-ils dit, le pollicitant qui retire son offre avant la formation du contrat ne fait qu'user de son droit; or, *neminem lædit qui suo jure utitur*. Si l'autre partie subit un préjudice, elle n'a qu'à s'en prendre à elle-même. Elle devait savoir que la révocation était possible, et, en agissant comme si elle pouvait compter définitivement sur l'offre, elle s'est montrée imprévoyante.

Mais l'opinion contraire semble préférable. Il est injuste de faire supporter à l'acceptant les conséquences de la légèreté ou de l'indécision du pollicitant peut-être même de sa mauvaise volonté. On dira : Mais pourquoi celui qui a reçu la lettre d'offre n'a-t-il pas attendu la conclusion définitive du contrat avant de prendre des mesures en vue de son exécution ? — Sans doute il a pu trop se presser, mais peut-être aussi ne pouvait-il pas attendre. C'est ce qui aura lieu le plus souvent lorsque les offres sur lesquelles il comptait lui auront fait manquer un marché avantageux.

Cette opinion est d'ailleurs traditionnelle. Déjà, sur la loi 1, D., *Mandati* (XVII, I), Balde écrivait: « *Puto tamen quod recipiens nuncium vel epistolam, si aliquas impensas fecisset vel damna habuisset propter nuncium vel epistolam ante scientiam vel certiorationem de pœnitentia mittentis, ad expensas et damna posse agere.* » De même, Pothier, *Vente*, n° 32, dit : « Si la lettre par laquelle je proposais à un marchand de me vendre une certaine quantité de marchandises lui a causé quelque dépense, ou si elle lui a occasionné quelque perte, *puta :* si dans le temps intermédiaire entre la réception de la première lettre et celle de la seconde lettre, le prix des marchandises a baissé et que ma première lettre lui ai fait manquer l'occasion de les vendre avant la diminution ; dans tous lesdits cas, je suis tenu de l'indemniser, si mieux je n'aime consentir au marché proposé par ma première lettre. »

100. — Celui à qui la rétractation de l'offre a causé préjudice peut donc exiger des dommages-intérêts. Mais quel est le fondement de son droit à une indemnité?

Autrement dit, la responsabilité du pollicitant est-elle contractuelle ou délictuelle ?

La question offre un grand intérêt. Il y a en effet entre ces deux sortes de responsabilité des différences nombreuses et traditionnelles. Elles se trouvent indiquées partout. Nous n'y insisterions pas, si une idée paradoxale n'avait été émise dans ces dernières années.

Un auteur [1] a prétendu qu'il fallait repousser comme une forme erronée de langage la distinction entre la

---

[1] Lefebvre, *Revue critique*, 1885, p. 485.

faute aquilienne et la faute dans les contrats. Toute responsabilité, dit-il, est délictuelle, car toute responsabilité dérive d'une faute, et toute faute est un délit. Cette doctrine aboutit à méconnaître toute différence entre ces deux cas de responsabilité.

Il faut lire la réfutation indignée de M. Labbé (Sirey 1886, 47, 25, sous Cass. Belge, 8 janvier 1886). « On pensait, dit-il, que les Romains avaient à cet égard fait avancer la science, découvert et formulé des idées juridiques exactes, en séparant la faute aquilienne de la faute dans l'exécution d'un contrat. On regardait ces notions comme précieuses et considérables, non point parce qu'elles sont romaines et antiques, mais parce qu'elles sont vraies, et qu'il y a eu un grand mérite à les mettre en lumière. On y avait une foi raisonnée. On s'abstenait souvent d'en produire les preuves ailleurs qu'à l'École afin de ne pas se réduire à un travail de Sisyphe..... » Et alors, reprenant toute cette théorie élémentaire, le savant professeur explique une à une, avec une clarté et une lucidité vraiment remarquables, toutes les différences qui séparent la responsabilité contractuelle de la responsabilité délictuelle. Nous ne voulons pas refaire après lui cet exposé. Bornons-nous simplement à indiquer à titre d'exemple une différence qui est ici particulièrement intéressante.

Il s'agit de l'application de l'article 1150 C. civ.

relatif à la détermination du montant de l'indemnité. Si ce texte était applicable à notre matière, le pollicitant ne serait tenu que des dommages qu'il lui a été possible de prévoir (sauf, bien entendu, s'il y avait eu dol de sa part). Or, l'article 1150 est exclusivement relatif à la faute contractuelle et est inapplicable aux dommages-intérêts réclamés à raison d'un délit ou d'un quasi-délit civil [1] Le pollicitant, si sa responsabilité est délictuelle, devra donc payer même les dommages-intérêts qu'il ne lui a pas été possible de prévoir. Nous aurons bientôt (n° 106) à examiner s'il n'y a pas un moyen de remédier au danger qui peut en résulter.

101. — Dans l'opinion traditionnelle qui nous a été léguée par Pothier, la responsabilité en question est délictuelle. L'obligation du pollicitant naît de cette règle d'équité d'après laquelle personne ne doit souffrir du fait d'autrui. *Nemo ex alterius facto prægravari debet.* L'offrant est tenu en vertu de l'article 1382 C. civ. [2] Tel est aussi notre sentiment. On a bien parlé ici, il est vrai, de dol contractuel, de *culpa in contrahendo*, de garantie. Ces différentes bases du droit à indemnité ont été surtout proposées par des jurisconsultes allemands qui appuyaient leur

---

[1] Aubry et Rau, § 445, t. IV, p. 750.
[2] Ripert, *Vente commerciale, Revue pratique*, 1874, t. XXXVII, p. 176.

opinion sur les lois romaines ; mais toutes ont ce défaut commun d'admettre une responsabilité contractuelle en l'absence d'un contrat. Il est d'ailleurs facile de s'en convaincre par un examen rapide de ces différents systèmes.

102. — Les auteurs qui, comme Bekker[1], fondent le droit à indemnité sur l'idée de *dol contractuel*, raisonnent ainsi : il y a dol de la part du pollicitant à retirer son offre à une époque où cela ne peut plus avoir lieu sans dommage pour l'autre partie, laquelle d'ailleurs ne s'est ainsi avancée que parce qu'elle avait confiance dans le maintien de l'offre. Cette opinion argumente par analogie des lois 34, D., *de Dolo malo* (IV, 3) et 16, § 1, D., *de Præscripis verbis* (XVI, 3). Ces textes supposent un propriétaire qui a donné à une personne la permission de tirer du sable sur son terrain ou de l'ensemencer afin d'en percevoir les fruits. Tant que cette personne n'a fait aucun frais, le propriétaire peut retirer son autorisation, mais, dès qu'elle a fait des dépenses pour l'extraction des matériaux ou l'ensemencement du sol, le propriétaire ne peut plus retirer sa permission ; du moins, en le faisant, il s'expose à une action de dol.

Ce raisonnement pèche par la base. Dans l'hypothèse prévue par les lois romaines, celui qui ensemence le

---

[1] *Iahrbuch der gemeinen deutschen Rechts*, 1858. t. II, p. 369.

sol d'autrui ou en extrait du sable a l'autorisation du propriétaire; un pacte est intervenu entre eux. Or, il s'agirait précisément de prouver que l'offre constitue pour celui à qui elle est faite une autorisation d'agir, et cela n'est pas vrai. C'est seulement à partir du moment où le contrat est formé que le pollicitant est engagé et devient responsable de son dol. Autrement dit, tant qu'il n'y a pas contrat, il n'y a pas dol contractuel.

103. — D'autres auteurs (Ihering[1], Vangerow[2]) disent : — Le pollicitant qui retire son offre doit des dommages-intérêts parce qu'il y a de sa part faute à avoir envoyé la rétractation avant de s'être assuré que l'autre partie n'avait pas commencé à exécuter le contrat. En ne se renseignant pas, il sait qu'il peut causer un préjudice à celui à qui il a offert de contracter et par suite il commet une *culpa in contrahendo*. Ces auteurs invoquent également les lois romaines et en particulier la loi 62, § 1, D., *de Contrahenda emptione,* (XVIII, 1). Ce texte donne à l'acheteur de bonne foi d'une *res extra commercium* une action *ex empto* contre le vendeur, bien que la vente ne tienne pas. Voilà, dit-on, une action contractuelle en garantie tendant à la réparation du préjudice que le vendeur a causé par

---

[1] *Iahrbucher für die Dogmatik,* t. IV, p. 88.
[2] *Lehrbuch der Pandekten,* t. I, § 109.

sa faute, et cependant le contrat de vente n'existe pas. Cpr. L. 8, § 1, D., *de Religiosis*, XI, 7 et § 5, Inst., *de empt. et vend.*, III, 23.

Cette argumentation porte encore à faux, car il n'y a entre les deux cas aucune analogie. Dans l'hypothèse prévue par la loi 62, la vente est nulle parce que la chose vendue est hors du commerce, mais il n'en est pas moins intervenu entre les parties une convention susceptible de donner naissance à une action. En réalité, un contrat de vente est intervenu entre les parties; seulement, l'accord des parties n'a pas produit le résultat qu'elles voulaient obtenir parce que l'objet faisait défaut. Dans le cas qui nous occupe, au contraire, il n'y a jamais eu accord de volontés; il n'y a eu que des pourparlers qui n'ont pas abouti, qu'un simple projet impuissant à faire naître une action. Nous arrivons ainsi à une conclusion identique à celle de tout à l'heure : il n'y a pas faute contractuelle parce qu'il n'y a pas contrat.

104. — Faut-il dire enfin, avec Regelsberger[1], que l'offrant doit des dommages-intérêts parce qu'il a contracté une *obligation tacite de garantie?* Cette manière de voir nous paraît aussi inexacte que les précédentes. On dit : le pollicitant doit garantie parce

---

[1] *Civilrechtliche Erörterung*, p. 33.

qu'il a fait naître chez l'autre partie une confiance légitime dans le maintien du contrat. Mais, peut-on répondre, l'acceptant a eu tort de croire que la proposition ne serait pas révoquée ; voilà tout. C'était à lui de faire la différence entre des pourparlers et un contrat définitif.

105. — Conclusion : ce n'est point dans la théorie des contrats que l'on peut trouver le fondement du droit à l'indemnité, et c'est faire fausse route que d'aller chercher pour résoudre notre question des analogies lointaines dans les textes du Digeste. Mieux vaut s'en tenir à la théorie plus simple et plus naturelle de Pothier : le pollicitant doit une indemnité parce qu'il a causé à autrui, par son indécision et sa légèreté, un dommage qu'en bonne justice il est tenu de réparer. Sa responsabilité est non pas contractuelle, mais délictuelle (art. 1382 C. civ.).

106. — Reste à fixer le montant de l'indemnité. Elle devra compenser tout le préjudice causé par la révocation ; autrement dit, elle comprendra à la fois le *damnum emergens* et le *lucrum cessans*. C'est d'ailleurs le droit commun (Cpr art. 1149 C. civ.).

Mais ici on a fait une objection[1]. Le préjudice ainsi

---

[1] Cette objection ne peut se poser, d'après l'opinion générale, que

défini peut être considérable et dépasser de beaucoup l'intérêt qui s'attachait normalement à l'exécution du contrat. Par exemple, la réception de la lettre d'offres à déterminé Secundus à faire des dépenses exagérées, hors de proportion avec l'intérêt du contrat proposé. Ou bien Secundus est un aubergiste à qui Primus a retenu une chambre, et qui par suite a perdu l'occasion de la louer trois fois plus cher. N'y a-t-il pas injustice dans tous les cas à faire payer à Primus la totalité du *damnum emergens* et du *lucrum cessans*.

La réponse à cette objection est facile. Elle est implicitement contenue dans le passage de Pothier cité plus haut (n° 99) : « Je suis tenu de l'indemniser, *si mieux je n'aime consentir au marché proposé par ma première lettre.* » Si les prétentions de l'autre partie sont trop élevées, le pollicitant a toujours la ressource d'exécuter le contrat. Dès lors, elle n'a plus rien à réclamer, car, sous cette forme, elle reçoit les meilleurs dommages-intérêts qu'elle puisse légitimement obtenir.

si l'on suppose la responsabilité délictuelle, car, si l'on admet que la responsabilité est contractuelle, l'objection tombe, étant donné l'article 1150, à moins que l'on ne dise avec M. Colmet de Santerre que l'article 1150 n'a trait qu'au préjudice dont la *cause* n'a pas pu être prévue, sans qu'il y ait aucun compte à tenir du *quantum* de ce préjudice. Pour ceux qui admettent l'opinion de M. Colmet de Santerre, l'objection que nous allons examiner doit se poser même en admettant que la responsabilité est contractuelle.

107. — *2° Le pollicitant s'est engagé à maintenir l'offre pendant un certain délai.*

D'où peut résulter cet engagement, et quels en sont les effets ?

Cette obligation de maintenir l'offre pendant un certain temps peut provenir soit de la loi, soit de la volonté expresse ou tacite des parties.

a) De la loi, d'abord. La plupart des Codes qui règlementent avec quelques détails la matière des contrats par correspondance ont en effet fixé un délai pendant lequel le pollicitant est tenu de maintenir ses propositions. Ce délai est généralement limité au temps nécessaire pour que celui à qui la proposition est faite ait au moins le temps de répondre. C'est ainsi que, d'après l'article 5 du Code fédéral suisse des obligations : « *Lorsque l'offre a été faite sans fixation* « *de délai à une personne non présente, l'auteur de* « *l'offre reste lié jusqu'au moment où il peut s'at-* « *tendre à l'arrivée d'une réponse qui serait expédiée* « *à temps et régulièrement.* » De même, l'article 319 du Code de commerce allemand — dont la disposition sur ce point est d'ailleurs reproduite dans le projet de Code civil — décide : « *Lorsqu'une offre est faite* « *entre absents, le pollicitant reste lié jusqu'au* « *moment où il est en droit d'attendre l'arrivée de* « *la réponse expédiée régulièrement et en temps con-* « *venable.* » Cpr Code civil autrichien, chapitre XVII, § 862.

Ces dispositions sont d'ailleurs par leur nature même essentiellement interprétatives, et les parties conservent toute liberté soit pour augmenter ce délai, soit pour le diminuer ou même le supprimer complètement. Cela va de soi, à tel point qu'une critique rigoureuse pourrait taxer d'inutilité la disposition de l'article 6 du Code fédéral suisse des Obligations qui prend soin de nous dire que : « *L'auteur de* « *l'offre n'est pas lié lorsqu'il a fait à cet égard des* « *réserves formelles (par exemple, par l'adjonction* « *des mots* « sans engagement »), *ou si son intention* « *de ne pas s'engager résulte nécessairement soit des* « *circonstances, soit de la nature spéciale de l'affaire* « *proposée.* »

b) L'engagement de maintenir l'offre pendant un certain délai peut aussi résulter *de la volonté des parties* expressément ou tacitement manifestée. C'est ce qui aura lieu, par exemple, si le pollicitant a dit : « Je vous donne huit jours pour réfléchir, » ou : « Répondez-moi avant jeudi, » ou : « Répondez-moi par télégramme. » Mais cette obligation ne résulterait pas de formules banales telles que celle-ci : « En attendant que m'honoriez d'une réponse, » ou : « En attendant l'honneur de vous lire. » Ce sont là de simple formules de politesse qui n'impliquent dans la pensée de celui qui les a écrites aucun engagement.

Inversement, la volonté des parties peut parfois être

sous-entendue, et l'engagement de maintenir l'offre
peut exister bien que le pollicitant n'ait rien dit. C'est
ce qui pourra avoir lieu, par exemple, lorsque l'offre
sera faite par dépêche avec « réponse payée ». Cpr
Bordeaux, 17 janvier 1870 ; S., 70, 2, 219. Cette obligation peut aussi résulter des usages commerciaux.
Mais il ne faudrait pas aller plus loin, et, en l'absence
d'un texte formel, sous-entendre dans tous les cas
l'engagement de maintenir l'offre pendant le temps
nécessaire pour qu'il puisse y être répondu.

108. — Lorsque le pollicitant s'engage à maintenir ses offres pendant un certain délai, deux parties
sont à distinguer dans sa lettre : *a*) l'offre de passer
le contrat en vue duquel la lettre est écrite, *b*) l'offre
de s'engager à ne pas retracter la première proposition
durant un certain temps, l'offre de passer ce que nous
avons déjà appelé, avec M. Rippert, un contrat de
proposition. Or, cette seconde offre, comme la première, ne se transforme en une convention obligatoire
pour celui qui l'a faite que lorsque le consentement de
l'acceptant est venu se joindre à celui du pollicitant.
Mais ici une petite difficulté surgit.

Ce consentement doit-il nécessairement se produire
sous la forme d'une manifestation extérieure de
volonté ? M. Larombière va jusque-là. L'offre de passer le contrat de proposition, dit-il [1], « ne lie celui

---

[1] *Théorie et pratique des obligations*, art. 1101, n° 14 *in fine*, t. I, p.
12.

de qui elle émane que si elle a été elle-même, tout d'abord et indépendamment de l'acceptation définitive qui est provoquée par le proposant, l'objet d'une acceptation particulière, soit expresse, soit présumée d'après les circonstances de la cause... Sinon on ne saurait prétendre qu'il a été formé une convention quelconque faisant obstacle à la rétractation de l'offre. » Mais cette exigence ne doit pas être admise. L'offre de maintenir la pollicitation principale est toute en faveur du destinataire, et, par suite, celui-ci doit être présumé l'accepter s'il ne la refuse pas formellement, ce qu'il n'a d'ailleurs aucun intérêt à faire. Suivant la règle fameuse posée par Casaregis : *Scientia sola inducit præsumptionem contractus lucrativi.*

Mais, pour être sous-entendu, le consentement de l'acceptant n'en est pas moins nécessaire, d'où cette conséquence que nous avons déjà signalée (n° 93) au moins en partie : *Tant que la lettre d'offres n'est pas arrivée, le pollicitant peut révoquer, quand bien même sa première lettre contient l'offre de maintenir la pollicitation pendant un certain délai* [1]. Le contrat de proposition ne peut pas se former, car, à aucun moment, il n'a pu y avoir accord de volontés, le pollicitant ne voulant plus au moment où l'autre partie est

---

[1] Cpr Aubry et Rau, t. IV, § 343 texte et note 13.

mise à même de consentir. Cela est vrai même si la lettre de révocation, écrite avant que la première lettre fut rendue à destination, n'est arrivée qu'après [1]. Seulement, dans ce cas, il pourra y avoir lieu à des dommages-intérêts si l'offre a causé quelque préjudice à l'acceptant, tandis qu'aucune indemnité ne saurait être due dans le cas où la rétractation est arrivée avant la première lettre ou en même temps qu'elle (n° 93).

109. — Quels sont maintenant les effets de l'obligation de maintenir l'offre pendant un délai déterminé ? Ils peuvent se résumer dans les deux propositions suivantes :

1° Tant que le délai court, le pollicitant ne peut pas retirer ses offres ;

2° Dès que le délai est écoulé, le pollicitant est délié de toute obligation.

Ces deux points méritent quelques développements.

110. — Tant que court le délai, les parties sont liées par le contrat unilatéral de proposition. Comme toutes les conventions, ce contrat qui tire son origine première de la volonté des parties, devient par la suite obligatoire pour elles. *Contractus sunt ex origine*

---

[1] C'est en quoi la formule que nous venons de donner est plus compréhensive que la règle posée au n° 93.

voluntatis, ex post facto necessitatis. Dès que ce contrat est formé, le pollicitant n'est plus libre de s'en départir et de retirer ses offres, même en offrant de payer une indemnité, si forte soit-elle. Pendant toute la durée du délai, celui à qui les offres sont faites peut, en manifestant son acceptation, donner naissance au contrat proposé et faire naître pour le pollicitant l'obligation d'exécuter. Pendant tout ce temps, l'acceptant est maître de la situation, et celui de qui les offres émanent ne peut les retirer qu'avec son consentement. Les parties peuvent en effet, d'un commun accord, mettre fin au contrat de proposition avant l'expiration du délai, comme à tout autre. Suffisant pour faire naître un contrat, l'accord des parties suffit également pour le détruire.

111. — Le délai est écoulé. Dès lors, le pollicitant recouvre sa liberté. Cela ne veut pas dire seulement que désormais il reprend le droit de retirer ses offres. Cette expiration du délai a un effet bien plus considérable. Désormais, il est trop tard pour accepter, et *le pollicitant, délié de toute obligation envers l'autre partie, peut porter ses offres ailleurs, sans avoir besoin de la prévenir* (Bruxelles, 25 février 1867 et Lyon, 27 juin 1867 ; S., 68, 2, 182)[1].

D'où résulte logiquement cette conséquence : — Une

---

[1] Cpr Aubry et Rau, t. IV, § 343, texte et note 14.

acceptation qui ne se produit qu'après l'expiration du délai ne peut pas à elle seule parfaire le contrat. Elle doit seulement être considérée comme une nouvelle offre de contracter, et la convention ne sera formée que lorsque le pollicitant aura répondu à cette lettre d'acceptation.

La jurisprudence française, sous un certain rapport, semble même aller beaucoup plus loin. V. Paris 12 juin 1869 ; S., 69, 2. 287, confirmé par un arrêt de la Chambre des requêtes du 28 février 1870 ; S., 70, 1, 296. Le fond du débat mis à part, il semble bien résulter des considérants de ces arrêts que, *même dans le cas où il n'y a pas engagement de maintenir l'offre pendant un délai déterminé,* la pollicitation n'engage son auteur que pendant le temps moralement nécessaire pour que celui qui l'a reçue examine la proposition et fasse connaître sa réponse. Dans ce système, l'offre s'évanouirait dans tous les cas de plein droit par l'expiration du délai moralement nécessaire pour répondre. Dans l'espèce, une acceptation intervenue quatre jours après l'offre avait été déclarée tardive.

Mais cette jurisprudence est beaucoup trop rigoureuse. Lorsqu'il n'y a aucun délai fixé, celui à qui les offres sont faites peut très bien croire que le pollicitant n'est pas pressé, et prendre en conséquence tout le temps qui lui semble nécessaire pour réfléchir.

D'ailleurs, dans ce système de la jurisprudence, la détermination du moment où l'offre s'évanouit est absolument arbitraire.

Au fond, d'ailleurs, cette opinion revient à dire : lorsque la convention des parties n'a pas fixé un délai, il existe néanmoins un délai tacite résultant des circonstances et de la nature du contrat proposé, au bout duquel la pollicitation s'évanouit. Or, nous avons vu que, dans le silence des textes, l'existence d'un pareil délai est inadmissible.

112. — L'existence d'un délai résultant de la convention ou de la loi peut, à côté de ses effets normaux, faire naître certaines difficultés particulières résultant d'un retard apporté dans la réponse.

Soit une lettre de pollicitation accordant à celui à qui elle est adressée un délai de cinq jours pour réfléchir. L'acceptant répond le cinquième jour ; mais la lettre d'offres avait eu deux jours de retard. La lettre d'acceptation que son auteur avait cru expédier à temps, arrive ainsi tardivement à un moment où le pollicitant, ne comptant plus sur une réponse, avait porté ses offres ailleurs. Que faudra-t-il décider en pareil cas ?

De même, on peut supposer que la lettre d'acceptation, expédiée à temps, n'est arrivée chez le pollici-

tant qu'après l'expiration du délai parce qu'elle a
eu elle-même du retard.

Il faut remarquer tout d'abord qu'en pareil cas
l'administration des postes et des télégraphes n'en-
coure aucune responsabilité. Le retard dans la remise
d'une lettre ou d'une dépêche ne donne lieu, en effet,
à aucune indemnité. Cette irresponsabilité de l'État [1]
est consacrée en matière postale par l'article 8 de la
loi du 5 avril 1879 qui « *étend* aux lettres recomman-
mandées contenant des valeurs à recouvrer la non-responsabilité de l'administration en cas de retard des
objets de correspondance, » et, en matière télégraphique, par l'article 6 de la loi du 19 novembre 1850,
aux termes duquel « l'État n'est soumis à aucune responsabilité à raison du service de la correspondance
privée par la voie télégraphique [2] ». Cette irresponsabilité générale de l'État a été très vivement critiquée,
d'autant plus qu'elle est doublée d'un monopole, mais
elle est absolument certaine. La partie victime du
retard, dépourvue de tout recours contre l'État, doit
donc être considérée comme la victime innocente d'un
cas fortuit.

113. — Il faut donc, de toute nécessité, faire retomber le préjudice causé par ce retard soit sur le polli-

---

[1] Cpr. F. Sanlaville, *De la responsabilité de l'État en matière de postes et de télégraphe*, n° 31.

[2] Voir plus bas n°⁵ 159 et 160.

citant, soit sur l'acceptant, bien que cependant tous les deux en soient également innocents. La nécessité de donner, de toute façon, une solution défavorable à une personne digne d'intérêt rend la question assez délicate. Nous croyons cependant que, dans le silence de la loi, l'équité et l'utilité pratique commandent la solution suivante:

L'acceptation qui arrive chez le pollicitant après l'expiration du délai pendant lequel il s'était engagé à maintenir son offre est tardive. Le pollicitant est dégagé par l'expiration du délai. Par suite, si, au moment où il reçoit la lettre d'acceptation, il n'a plus l'intention de contracter, la convention ne se forme pas (Lyon; 27 juin 1867; S., 68, 2, 183). Peu importe à ce point de vue qu'il ait pris ou non des engagements d'un autre côté. Le pollicitant doit seulement, s'il ne l'a déjà fait, prévenir immédiatement l'acceptant. Autrement, l'acceptant qui, n'ayant pas été averti, a fait des frais pour l'exécution du contrat, pourrait réclamer des dommages-intérêts à l'offrant qui lui a laissé ignorer la véritable situation. Il y a, en effet, une négligence coupable de la part de ce dernier à laisser l'autre partie faire des dépenses inutiles. *En fait*, les tribunaux, s'inspirant de cette considération que l'exécution de la convention constitue l'indemnité la plus adéquate au préjudice causé à l'acceptant, pourraient même, si les circonstances de la cause permettaient cette interprétation, considérer le contrat comme formé, et, par une voie détournée, condamner ainsi le pollicitant à des dommages-intérêts consistant dans l'exécution de sa promesse.

114. — La solution que nous venons de développer est d'ailleurs consacrée par les législations suisse et allemande :

« *Dans le calcul du délai, l'offrant est en droit de*
« *supposer que son offre est arrivée en temps régu-*
« *lier. Dans le cas où l'acceptation expédiée en temps*
« *convenable n'arriverait qu'après l'expiration du*
« *délai, la convention est non existante si, dans l'in-*
« *tervalle ou aussitôt après l'arrivée de l'accepta-*
« *tion, l'offrant a annoncé le retrait de son offre* »
(Code de commerce allemand, art. 319 *in fine*).

« *Le pollicitant a le droit d'admettre pour le cal-*
« *cul du délai que le destinataire a reçu l'offre en*
« *temps voulu. Si l'acceptation expédiée à temps par-*
« *vient tardivement à l'auteur de l'offre et que celui-*
« *ci entende ne plus être lié, il doit, sous peine de*
« *dommages-intérêts, en informer immédiatement*
« *l'acceptant* » (Code fédéral suisse des Obligations, du 14 juin 1881, art. 5 *in fine*).

Ces deux lois, rédigées à peu près dans les mêmes termes, reproduisent la même solution (qui est en même temps celle que nous avons adoptée) sauf une légère différence entre elles. Toutes les deux admettent que, lorsque par suite d'un retard survenu dans l'offre ou dans l'acceptation, le pollicitant n'est prévenu du consentement de l'autre partie qu'après l'expiration du délai, le contrat n'est pas formé. Toutes les deux exigent que le pollicitant, s'il ne l'a déjà fait, prévienne immédiatement l'acceptant de la non formation du contrat ; mais elles cessent de s'accorder lorsqu'il s'agit de sanctionner cette exigence. D'après la loi allemande, si le pollicitant a négligé de prévenir l'autre partie, le contrat est formé. D'après la loi suisse, l'offrant doit simplement des dommages-intérêts. Cette dernière solution nous semble préférable. D'abord, il y a des cas où le pollicitant n'est plus en mesure d'exécuter le contrat ; c'est ce qui arrivera, par exemple, si la chose offerte était un corps certain qui a été depuis vendu à un tiers. Faudrat-il donc alors anéantir la convention passée avec ce tiers ? Mais c'est là une solution détestable et qui d'ailleurs ne saurait être admise dans le silence de la loi. Il faut donc nécessairement revenir au système des dommages-intérêts ; mais alors, il valait mieux l'adopter dès le principe, comme l'a fait la loi suisse, dont la solution est d'ailleurs beaucoup plus souple. Tout ce que l'on peut dire en faveur de la solution allemande, c'est que dans certains cas il est désirable et juste de condamner le pollicitant à exécuter le contrat. C'est pour cela que le Code de commerce allemand déclare le contrat formé. Mais il n'est point nécessaire pour décider, quand il y a utilité, que le contrat sera exécuté, de déclarer législativement la convention obligatoire. En fait, en présence des dispositions de la loi suisse, il est le plus souvent très facile aux tribunaux d'arriver à ce résultat par un détour. Rien de plus facile, par exemple, que d'apprécier d'une façon un peu élastique le délai moralement nécessaire pour que la réponse ait le temps de parvenir au pollicitant. Ainsi, la solution du Code fédéral suisse présente tous les avantages du système admis par le Code de commerce allemand, sans en avoir les inconvénients [1].

Mais, quoi qu'il en soit de ces divergences sur un point secondaire, les lois suisse et allemande s'accordent avec la jurisprudence française pour décider que le contrat n'est pas formé en principe lorsque l'acceptation arrive après l'expiration du délai.

La jurisprudence anglaise décide au contraire que le contrat se forme malgré l'arrivée tardive de la lettre [2]. En 1817, Lindsell and c° avaient fait par lettre une offre à Adams and c°. Ils demandaient une réponse par

---

[1] Remarquons d'ailleurs qu'au point de vue de notre Droit, le système du Code de commerce allemand ne saurait être suivi, en l'absence d'un texte spécial.

[2] Carey. *Des recueils d'arrêts en Angleterre, et en particulier de la question de savoir à quel moment est formée une convention faite par correspondance. Revue de droit français et étranger*, 1844, t. I, p 793.

retour du courrier (*in course of post*). Adams and c°
répondirent aussitôt, mais la lettre de pollicitation
avait eu du retard. Le délai était donc expiré quand
la lettre d'acceptation arriva. Les pollicitants se pré-
tendirent dégagés, mais la Cour du banc du roi, con-
damnant leurs prétentions, déclara le contrat formé.

SECTION II

MORT OU PERTE DE LA CAPACITÉ JURIDIQUE DE L'UNE DES PARTIES

115. — Nous raisonnerons seulement sur l'hypothèse où l'une des parties meurt pendant l'échange
des lettres qui devaient produire le contrat. Les principes
sont en effet absolument les mêmes au cas de perte de
la capacité juridique.

Lorsque l'une des parties meurt, elle perd évidemment le pouvoir de donner son consentement. Dès
lors, l'accord des volontés n'est plus possible, et le
contrat ne peut plus se former. Cela est incontestable,
sans qu'il soit besoin d'invoquer à l'appui, comme le
fait Merlin [1], l'autorité de Surdus et de Stracchas qui
ont dit, le premier : *Epistola non potest obligare scri-*

---

[1] *Répertoire;* v° *Vente,* § 1, article 3, n° 11 *bis.*

bentem si is decedat antequam ad eum pervenerit cum quo erat contrahendum... Mortuus non loquitur (livre I, conseil 136), et le second : *Si epistola a te missa mihi inscripta est, te mortuo cum mihi traditur, acceptari a me non potest (Tractatus de adjecto, ultima pars,* n° 8). A quoi bon ce luxe d'érudition pour démontrer qu'un mort ne peut pas consentir?

Ainsi, si l'une des parties meurt, avant l'envoi de la lettre d'acceptation dans le système que nous avons adopté, avant sa réception dans la théorie de l'information, la convention ne pourra plus se former [1].

Le Code de commerce allemand a toutefois apporté une exception à ce principe dans son article 297 aux termes duquel : « *Une offre émanant d'un commerçant dans l'exercice de son commerce n'est pas éteinte par sa mort, à moins que l'intention contraire ne résulte de sa déclaration ou des circonstances.* » Cette solution, avantageuse en pratique, peut se justifier en raison par cette considération que l'offre émane plutôt de la maison de commerce que du commerçant lui-même. Ajoutez que son successeur, quel qu'il soit, a tout intérêt à ce que les affaires de la maison soient le moins possible interrompues. Cette exception est donc en elle-même très raisonnable, et il est à regretter qu'une disposition semblable ne se rencontre pas dans notre Code de commerce.

---

[1] Cpr. Aubry et Rau, t. I V, § 343, texte et notes 15 et 16.

Mais ce qui nous paraît au contraire critiquable, c'est la généralisation qui se trouve faite de cette exception dans l'article 86 du projet de Code civil allemand. [1] Ce texte étend à toute personne une disposition qui, d'après l'article 297 du Code de commerce, est spéciale au « commerçant dans l'exercice de son commerce ». Cette extension nous paraît regrettable. Les motifs qui justifient cet article 297 restent sans application lorsqu'il s'agit d'un non-commerçant, et nous ne voyons aucune bonne raison pour apporter dans ce dernier cas une exception aux principes.

116. — Quoi qu'il en soit de ces critiques, il est bien certain que, dans notre Droit, on ne saurait, en l'absence d'un texte formel, apporter aux principes aucune exception de ce genre. Une observation doit toutefois être faite pour le cas où le pollicitant s'est engagé à maintenir l'offre pendant un certain délai. Si l'une des parties meurt avant la conclusion du contrat définitif, mais après la naissance du contrat de proposition, il ne faut pas oublier qu'en ce cas le contrat de proposition a fait naître entre les parties des obligations qui passeront à leurs héritiers. (C. civ., 1122). Par suite, si le pollicitant meurt, ses héritiers seront tenus d'exécuter le contrat s'il plaît à l'acceptant de donner son consentement avant l'expiration du délai. De même,

---

[1] V. Bufnoir, *Bulletin de la Société de législation comparée*, février 1889, p. 156.

les héritiers de celui à qui l'offre a été faite auraient le
droit jusq'à cette époque de parfaire le contrat par
leur acceptation. Il faut seulement réserver le cas où il
résulterait de la volonté exprimée des parties ou de la
nature de la convention projetée que leurs obligations
ne devraient pas passer à leurs héritiers (C. civ., 1122).

SECTION III

EFFETS DU SILENCE GARDÉ PAR L'UNE DES PARTIES

117. — I. SILENCE DE L'ACCEPTANT. — A la lettre
d'offres émanée du pollicitant aucune réponse n'est faite.
Le contrat va-t-il se former malgré le silence de l'autre
partie?

Le proverbe vulgaire *Qui ne dit mot consent* n'a
évidemment aucune valeur juridique. En réalité, celui
qui se tait ne dit ni *oui* ni *non*. *Qui tacet non utique fa-
tetur, sed tamen verum est eum non negare* (L. 142,
D., *de Regulis juris*, L, 17). Mais on ne peut en fait
rester dans l'indécision, et il faut décider ou que le
contrat est formé, ou qu'il n'existe pas.

C'est cette dernière solution qu'il faut admettre en
principe [1]. Dans le doute, on doit décider qu'il n'y a

---

[1] Cpr Aubry et Rau, t. IV, § 343 texte et note 20.

rien de changé dans les relations antérieures des parties. Le consentement et l'engagement qu'il fait naître ne se supposent pas. Il ne pourrait pas même résulter d'une clause formelle de la lettre de pollicitation que le silence de celui à qui elle est adressée sera interprété dans le sens d'une acceptation. Rien ne m'oblige, en effet, à répondre aux lettres que je reçois ni même à les lire.

La Cour de cassation a fait une application de ces principes dans un arrêt du 25 mai 1870 (S., 70, 1, 341), par lequel elle a décidé que : « Celui qui a laissé sans réponse une lettre par laquelle un banquier l'informait qu'il l'avait porté sur la liste de souscription à des actions industrielles dont il opérait le placement et qu'il l'avait débité du montant du premier versement dont il lui envoyait les reçus, ne saurait par cela seul être considéré comme obligé à titre de souscripteur de ces actions. » D'autres arrêts ont donné une solution analogue en matière d'abonnement à des journaux ou autres recueils périodiques, en annulant la clause par laquelle serait considérée comme un abonnement tacite l'acceptation non suivie du renvoi à l'administration du journal d'un certain nombre de numéros envoyés à titre de specimens.

118. — Mais le point de savoir si, dans telle hypothèse déterminée, le silence de celui qui a reçu les offres doit être considéré comme un refus ou comme

une acceptation est avant tout une question de fait. Les circonstances peuvent être telles que, s'il avait voulu refuser, il aurait très probablement répondu. Par suite, dans certains cas, son silence doit être considéré comme une acceptation. Cela se produira, notamment, dans les hypothèses suivantes :

a) La lettre est toute entière dans l'intérêt du destinataire. Par exemple, c'est un créancier qui offre à son débiteur de le décharger de sa dette (La remise de dette, ne l'oublions pas, est non pas un acte unilatéral, mais une convention qui ne se forme que par l'accord des parties). Il est tout probable que le débiteur s'empressera d'accepter, et son silence doit être interprété en ce sens. Ce n'est là que l'application de la règle : *Scientia sola inducit prœsumptionem contractus lucrativi.*

b) Les relations antérieures des parties sont telles que, si celui qui a reçu l'offre avait entendu la refuser, il aurait très probablement répondu. C'est là avant tout une question de fait, et on ne peut que citer des exemples. C'est ainsi que celui qui, après l'expiration de son abonnement, continue à recevoir son journal sans protestation, a pu être considéré comme le renouvelant pour une période de même durée. Cpr. Rouen 3 juillet 1846 ; D., 46, 2, 201 ; Bordeaux, 3 juin 1867 ; S., 68, 2, 183. Ces arrêts donnent d'autres exemples d'hypothèses où le silence a pu être assimilé à une acceptation tacite à raison des relations antérieures des parties.

  c) La profession de celui à qui la lettre est adressée, lorsqu'elle est en rapport direct avec l'objet de la pollicitation, peut aussi être considérée comme suffisante pour que le silence du destinataire soit interprété comme une acceptation tacite. J'écris à un avoué pour le charger d'un procès, à un agent de change pour le prier de m'acheter des valeurs. Malgré leur silence, je pourrai compter sur eux. S'ils ne m'ont pas répondu, c'est sans doute qu'ils étaient trop occupés ou qu'ils le jugeaient superflu, et ils ne demandent probablement pas mieux que de voir augmenter leur clientèle. Ainsi s'expliquent ces paroles de Casaregis, qu'il ne faudrait pas entendre dans un sens trop absolu : *Mercator recipiens epistolam et ei non contradicens censetur eam approbare.* Le Code de commerce allemand exprime au contraire la même idée sous une forme plus juste parce qu'elle est moins générale dans son article 323 : « *Lorsque, entre le négociant auquel* « *un mandat est donné et celui qui donne le mandat,* « *il existe une relation d'affaires, ou lorsque le pre-* « *mier s'est offert au second pour l'accomplissement* « *de mandats du genre du mandat donné, ce pre-* « *mier est tenu de répondre sans délai, sinon son* « *silence est réputé acceptation du mandat.* »

Les présomptions de ce genre n'ont d'ailleurs rien

d'absolu, et tout dépend des circonstances. Il y a tel cas où le silence gardé sur une offre toute en faveur du destinataire ne saurait être considéré comme une acceptation tacite. C'est ainsi qu'il y a quelques années, une personne écrivit au président du conseil municipal de Paris pour lui offrir une somme de 300,000 fr., s'il faisait voter par ledit conseil l'achèvement du boulevard Haussmann. L'affaire fit quelque bruit à cette époque, et il est bien certain que, dans l'espèce, on aurait eu tort de voir dans le défaut de réponse une acceptation tacite. De même, il peut très bien se faire que, malgré les relations antérieures des parties ou la profession du destinataire, il faille voir dans le silence de ce dernier l'équivalent d'un refus de contracter.

119. — Il faut remarquer d'ailleurs que, même dans les hypothèses ou le silence de l'acceptant est de nature a être interprété dans le sens d'un refus, il n'est pas tenu de formuler expressément son acceptation et de répondre à une lettre par une autre. L'acceptation peut très bien n'être que tacite et résulter de l'exécution de la convention. *Eadem vis est taciti ac expressi consensus.* « L'accomplissement des conditions posées dans une offre, dit le Code de New-York, article 566, équivaut à une acceptation. » Notre Code civil, dans un cas particulier, fait aussi l'application de cette règle générale. D'après l'article 1985, alinéa 2, « l'accepta-

« tion du mandat peut n'être que tacite et résulter de
« l'exécution qui lui a été donnée par le mandataire. »

Toutefois, dans l'état actuel de notre jurisprudence,
il sera prudent à l'acceptant de répondre. Il pourrait
se faire, en effet, que le pollicitant, regrettant son
marché, vienne à prétendre qu'il n'a pas eu connaissance du consentement de l'acceptant et que, par suite,
le concours de volontés fait défaut. S'il plaide devant
des juges partisans de la théorie de l'information, il
gagnera son procès. C'est encore là un nouvel inconvénient de cette théorie : celui auquel une offre est
faite doit toujours, s'il accepte, en informer le pollicitant, car pas d'information, pas de contrat.

120. — Il nous est maintenant facile, d'après les
explications qui précèdent, de déterminer les effets du
silence de celui à qui une offre est adressée. Il arrivera
de deux choses l'une : ou celui à qui la pollicitation
aura été adressée aura entendu l'accepter, ou il aura
entendu la refuser. Examinons chacun de ces deux
cas.

a) L'offre est acceptée. Dans ce cas, le contrat se
formera, mais à quel moment ?

Nous ne pouvons plus dire en effet que le contrat
prendra naissance au moment où la réponse sera expédiée, puisque, par hypothèse, l'acceptant ne répond
pas. La raison ici nous conduit à dire que le contrat

prendra naissance à partir du moment où le consentement de l'acceptant aura cessé d'être un *propositum
in mente retentum*, autrement dit, dès qu'il y aura de
la part de l'acceptant manifestation extérieure de volonté. Toutefois nous devons reconnaître que cette
réponse n'est pas très satisfaisante en pratique, car ce
moment sera souvent difficile à préciser. Le législateur
suisse a eu bien raison de déterminer un moment précis et facile à reconnaître à partir duquel le contrat
sera censé formé dans notre hypothèse. D'après l'article 8, *in fine*, du Code fédéral des Obligations,
« *Lorsque une acceptation expresse n'est pas néces-*
« *saire, les effets du contrat commencent* A DATER DE
« LA RÉCEPTION DE L'OFFRE NON REFUSÉE ». Solution
un peu arbitraire, peut-être, mais qui a le grand avantage de couper court à toute difficulté. Nous voudrions bien pouvoir l'adopter, mais pour l'admettre
dans notre Droit, il faudrait un texte formel. Il est
regrettable que ce texte n'existe pas.

Voilà donc le contrat formé par le consentement de
l'acceptant non communiqué au pollicitant, et cela,
remarquons-le, sans qu'il y ait lieu de distinguer entre
l'hypothèse où le silence de l'acceptant doit être interprété comme un refus et celle où il est de nature à
être interprété comme une acceptation. Dans tous les
cas, en effet, il suffit du consentement manifesté de
l'acceptant pour parfaire le contrat.

Mais les difficultés ne sont pas finies. Supposons que le pollicitant, que l'autre partie laisse ainsi dans l'ignorance à la fois de son acceptation et de la formation du contrat, interprétant ce silence dans le sens d'un refus, aille porter ses offres ailleurs ou dispose autrement de l'objet offert. Que va-t-il se passer ? Le pollicitant devra néanmoins exécuter le contrat si l'acceptant l'exige, mais ne pourra-t-il pas demander à l'acceptant des dommages-intérêts pour le préjudice qu'il lui a causé indirectement en négligeant de le prévenir ?

Cette question ne comporte pas une réponse uniforme dans tous les cas ; et voici, quant à nous, quelle solution nous lui donnerions. Le silence de l'acceptant est-il de nature, d'après les distinctions exposées plus haut (nos 117 et 118), à être interprété dans le sens d'un refus — et ce sera le cas le plus fréquent — l'acceptant devra des dommages-intérêts, car, en ne répondant pas, il a laissé croire au pollicitant qu'il refusait. Le silence de l'acceptant est-il, au contraire, toujours d'après les mêmes distinctions, de nature à être interprété dans le sens d'une acceptation, alors l'acceptant ne doit pas de dommages-intérêts, car son silence n'était pas de nature à induire le pollicitant en erreur. Telle est la distinction d'après laquelle nous pensons que le juge devrait se guider, tout en reconnaissant d'ailleurs que cette distinction est elle-même dominée par une question de fait.

121. — *b*) *L'offre est refusée.* Dans ce cas, le contrat ne se forme pas, quelque soit le sens dans lequel la pollicitation est de nature à être interprétée. Toutefois si, en fait, on se trouvait dans une hypothèse où le pollicitant serait légitimement fondé à interpréter le silence de l'autre partie dans le sens d'une acceptation, celle-ci ferait bien de le prévenir. Autrement, elle pourrait s'exposer à lui devoir des dommages-intérêts pour la réparation du préjudice qu'elle pourrait lui avoir causé en lui laissant croire à son acceptation. En d'autres termes, s'agissant de savoir si l'acceptant est tenu de réparer le préjudice que son silence a pu causer au pollicitant, il faut faire, mais en sens inverse, la même distinction que tout à l'heure.

La loi suisse est même beaucoup plus rigoureuse sur ce point. D'après l'article 5 *in fine* du Code fédéral des obligations, « *Lorsqu'à raison de la nature* « *spéciale de l'affaire proposée, l'auteur de l'offre* « *devait ne pas s'attendre à une acceptation expresse* « *le contrat est réputé conclu si l'offre n'a pas été* « *refusée dans un délai convenable.* » Ainsi, d'après cette loi, lorsque l'on se trouve dans une hypothèse où le silence était de nature à être interprété dans le sens d'une acceptation, ce ne sont pas des dommages-intérêts que doit celui qui a négligé de faire connaître son refus : pour sa punition la loi déclare le contrat formé.

Cette solution simpliste, un peu brutale, ne nous satisfait pas. Nous avouons ne pas goûter beaucoup pour notre part ce procédé qui consiste, de la part du législateur, à imposer un contrat à quelqu'un malgré sa volonté, cette punition fût-elle dix fois méritée. Ce n'est plus là l'application des principes ; c'est du droit arbitraire ! Pourquoi d'ailleurs, ne pas se contenter de décider que l'acceptant devra des dommages-intérêts en rapport avec le préjudice que son silence a pu causer ? La formation du contrat, dites-vous, constitue les meilleurs dommages-intérêts que l'on puisse accorder au pollicitant. D'accord dans certains cas, encore tout cela dépend-il de la nature et de la gravité du préjudice causé. Nous ne pouvons que répéter ici ce que nous avons dit plus haut (n° 114), au sujet d'une hypothèse où, précisément, nous félicitions le législateur suisse de ne pas être tombé dans le vice que nous lui reprochons en ce moment, et que nous reprochions alors au législateur allemand. Pourquoi, de deux solutions également possibles au législateur, ne pas choisir la plus souple ?

122. — II. Silence du pollicitant. — Le silence du pollicitant peut aussi, dans certains cas, donner lieu à des difficultés. En voici un exemple :

En janvier, Pierre, de Nantes, commande du vin à Bernard, de Libourne, et le prie de le lui expédier par le premier navire en partance. Six mois se passent, au bout desquels Bernard écrit à Pierre qu'il va s'occuper de l'envoi. Pierre ne répond pas. Bernard lui renvoie une seconde lettre lui annonçant l'embarquement des marchandises. Pierre lui répond alors qu'il est trop tard, et qu'il n'accepte pas cet envoi. Que faut-il décider ? La question peut présenter un très grand intérêt : par exemple, si le navire fait naufrage, qui supportera la perte [1] ?

La solution à donner à cette question découle naturellement des principes déjà exposés. Bernard, dans l'espèce, nous semble avoir raison ; mais pas dans le sens où on l'entend généralement. Il ne faut pas dire que l'offre de Pierre, n'ayant pas été expressément retirée, continue à subsister jusqu'au moment où Bernard accepte. En insérant dans sa pollicitation cette clause : que le vin lui serait envoyé par le premier navire en partance, Pierre avait indiqué un délai, passé lequel son offre a cessé de subsister (n° 111). La première lettre de Bernard doit donc être considérée comme une offre de contracter, suivie du silence de celui à qui elle est adressée, puisque Pierre n'y répond pas. Dans l'espèce, l'intention bien arrêtée de Pierre est de ne pas prendre le vin ; par conséquent, le contrat ne se forme pas. Mais, à raison de la lettre

---

[1] Delamarre et Le Poitvin, *Du contrat de commission*, t. I, n° 260.

écrite par Pierre en janvier, Bernard avait juste sujet
de croire que Pierre aurait répondu s'il n'avait pas voulu
du vin. Le silence de Pierre est de nature à être interprété par l'autre partie dans le sens d'une acceptation. Il a commis une faute en ne répondant pas. Pierre
devra donc payer à Bernard des dommages-intérêts
pour le préjudice qu'il lui cause en refusant de prendre
livraison du vin, à moins qu'il ne préfère exécuter le
contrat (ce que, dans l'espèce, il aura tout intérêt à
faire).

Cette décision un peu compliquée, mais qui résulte
du jeu naturel des principes, est d'ailleurs fondée en
équité. La situation de Bernard était très embarras-
sante : devait-il, étant donné le silence de l'autre partie,
expédier ou non le vin ? Il a fait de son mieux, aussi
il ne subira aucun préjudice ; s'il y a une perte, c'est
sur Pierre, débiteur des dommages-intérêts, qu'elle
retombera en définitive.

Mais, de plus, notre solution a l'avantage d'être
très souple. Nous laissons à Pierre une très grande
latitude. Pierre, s'il est prudent, répondra à la première lettre de Bernard, et ainsi il arrêtera tout. S'il
ne répond pas, il aura encore le choix entre le paiement des dommages-intérêts et l'exécution du contrat.
Et c'est là l'avantage de notre opinion. Au contraire,
si l'on dit, comme on le fait d'habitude : l'offre faite en
janvier, n'ayant pas été retirée, a subsisté, il faut

logiquement décider que le contrat s'est formé au moment où cette offre a été acceptée par Bernard, c'est-à-dire au moment où celui-ci a expédié sa première lettre, d'où résulte que Pierre, dès lors obligé au contrat, ne peut plus se rétracter, ce qui est regrettable.

SECTION IV

DES CONTRE-PROPOSITIONS FAITES PAR L'ACCEPTANT ET DU CAS OU DEUX OFFRES SE CROISENT

123. — La convention n'existe qu'à la condition que les parties soient d'accord sur tous les points. Le contrat n'est parfait au moment où l'acceptation est expédiée, que si cette acceptation est pure et simple. Celui qui n'accepte que sous certaines restrictions refuse, en réalité, l'offre qui lui est faite. Comme le dit l'article 322 du Code de commerce allemand, « *une* « *acceptation sous conditions ou restrictions doit être* « *considérée comme un refus de l'offre joint à une offre* « *nouvelle* ». Une pareille lettre d'acceptation est donc, au fond des choses, une véritable lettre de pollicitation, par laquelle on offre de contracter sur de nouvelles bases. Le contrat ne sera donc formé qu'à partir du moment où le pollicitant primitif aura expédié une lettre d'adhésion pure et simple à cette offre nouvelle.

124. — Des règles identiques doivent être appliquées au cas où deux offres se croisent.

Primus écrit à Secundus, pour lui offrir de lui vendre certaines marchandises moyennant 1,000 francs. Avant d'avoir reçu cette lettre, Secundus avait écrit à Primus en lui demandant les mêmes marchandises pour le même prix. Les parties s'accordent donc sur tous les points. Par suite, il y a contrat, sans qu'il soit besoins d'autres explications entre elles. Seulement, dans la théorie de l'information, le contrat ne sera formé que lorsque les deux lettres seront lues. Dans la doctrine de l'agnition, au contraire, on décide généralement que le contrat est formé dès qu'il y a coexistence de volontés, c'est-à-dire, d'après le système de l'expédition, à partir du moment où la seconde lettre d'offres est mise à la poste.

Toutefois, le cas ne cesse pas d'être embarrassant. Voilà un contrat qui existe à l'insu des contractants. Secundus, qui ignore la lettre de pollicitation de Primus, ne se doute certainement pas, en mettant sa lettre à la poste, qu'il donne naissance au contrat. A ce point de vue, il est préférable de décider que le contrat n'existe qu'à partir du moment où celle des deux lettres qui a été lue la première laisse son destinataire dans les mêmes dispositions, par analogie avec ce qui se passe dans le cas ordinaire où l'acceptant connaît l'offre avant de consentir lui-même.

Il y a, en effet, cette considération, c'est que l'offre est de nature à influer sur l'acceptation. En affaires, les prétentions de chaque partie se modèlent presque toujours d'après les prétentions de l'autre, chacun essayant de faire le meilleur marché possible. Et voici ce qui pourrait très bien se produire : Secundus qui vient d'écrire à Primus en lui demandant certaines marchandises pour 1,000 francs, reçoit une lettre de Primus lui offrant le même marché. Il se fait alors le raisonnement suivant : « Si j'avais su, je n'aurais offert à Primus que 900 francs de sa marchandise, peut-être aurait-il accepté », et, en conséquence, il envoie aussitôt un télégramme qui devance sa lettre chez Primus, et par lequel il réduit ses offres à 900 francs. *Quid*? Sans doute, le procédé de Secundus, qui reprend ainsi sa parole, n'est pas très chevaleresque, mais Secundus est un négociant, et il nous paraît bien difficile de déclarer le contrat formé avant que l'une ou l'autre des deux offres qui se sont croisées n'ait été acceptée.

125. — Voici une autre difficulté. Supposons que les deux offres ne soient pas identiques. Au moment où Primus propose par lettre à Secundus de lui vendre une certaine quantité de marchandises pour 1,000 francs, Secundus écrit à Primus pour lui en offrir 1,200 francs. *Quid* ? Le contrat sera-t-il formé par la réunion des deux lettres, et, si oui, à quelles conditions ?

On a proposé une solution qui ne nous paraît pas scientifique [1]. Le contrat, dit-on, sera conclu moyennant la somme la plus faible. Dans l'espèce, la vente sera conclue moyennant 1,000 francs, car Primus consent à vendre pour 1,000 francs, et Secundus, qui offre de payer 1,200 francs, consent *a fortiori* à prendre les marchandises pour 1,000 francs.

Or, on pourrait faire, avec tout autant d'exactitude, le raisonnement inverse. La vente, pourrait-on dire, doit être considérée comme conclue moyennant 1,200 francs, car Secundus consent à payer 1,200 francs, et Primus, qui consent à vendre pour 1,000, consent *a fortiori* pour 1,200 francs.

Pourquoi faire le premier raisonnement plutôt que le second? C'est que, dit-on, il faut toujours s'attacher à l'évaluation la plus faible. Mais ce raisonnement est le résultat d'une idée fausse en matière économique, de cette idée, qui fut pourtant celle d'un des plus grands génies du XVIIIe siècle [2], d'après laquelle « la monnaie est un *signe* qui représente la valeur de toutes les marchandises ». Or, la vérité, vérité trop longtemps et trop souvent méconnue, est que la monnaie est elle-même une marchandise [3]. Dans une vente, il y a, en réalité, échange de deux marchandises.

---

[1] Darquer, *Des contrats par correspondance*, p. 52.

[2] Montesquieu, *Esprit des lois*, livre XXII, chap. II.

[3] Ducrocq, *De la monnaie au point de vue de l'Économie politique et du Droit (Étude d'histoire financière et monétaire*, p. 99 et s.)

Sans doute, le chiffre de 1,000 francs correspond à une évaluation plus faible de la marchandise — blé, par exemple, mais le chiffre de 1,200 francs correspond à une évaluation plus faible de la marchandise-argent. En bonne justice, il n'y a aucune raison de préférer l'acheteur au vendeur, ou *vice versa*.

A nos yeux, le contrat se forme pour le prix porté dans la lettre qui a été lue la première. Il y a deux offres différentes. Il est bien évident que chacune de ces offres sera acceptée, puisqu'elle est plus avantageuse pour son destinataire que celle qu'il a faite lui-même. Seulement, c'est l'offre acceptée la première qui devient le contrat. Si, par exemple, nous supposons que c'est la lettre de Primus qui arrive la première, la vente sera faite pour 1,000 francs. Dans notre système, en effet, le contrat prendra naissance au moment où Secundus, ayant pris connaissance de la lettre de Primus, accepte ses offres. Dès lors, la lettre d'offres écrite par Secundus se trouve par là même annulée. Lorsqu'elle arrivera à Primus, il sera trop tard, le contrat sera déjà formé aux conditions contenues dans la première lettre. Que si, au contraire, la lettre de Secundus était arrivée la première, la vente aurait eu lieu moyennant 1,200 francs. Cette règle est équitable et rationnelle ; avec elle, aucun des contractants n'est sacrifié à l'autre *a priori* et, en quelque sorte, de parti pris.

CHAPITRE IV

TRANSCRIPTION DES CONTRATS PAR CORRESPONDANCE

126. — Lorsqu'un contrat formé par lettre missive ou par télégramme est translatif de propriété ou de droit réel, depuis le 1ᵉʳ janvier 1856, l'acquéreur a besoin de faire transcrire son droit pour le rendre opposable à certains tiers. Lui suffira-t-il de présenter au conservateur des hypothèques la lettre ou le télégramme qu'il a reçu? Telle est la question que nous devons examiner dans ce chapitre.

D'après cela, il ne faudrait cependant pas croire qu'avant 1856, il ne pouvait jamais être question de transcrire une lettre missive. Sans doute, le seul contrat dont la transcription pouvait alors être nécessaire [1], la donation, ne peut pas se former par correspondance. Mais, d'après l'article 1069 Civ., les dispositions testamentaires doivent être exceptionnellement transcrites lorsqu'elles renferment une substitution permise. Or,

---

[1] Nous faisons abstraction ici des utilités accessoires que pouvait déjà présenter la transcription d'un acte translatif à titre onéreux et entre vifs de propriété immobilière.

il est généralement admis qu'un testament olographe
peut être contenu dans une lettre missive, notre Code
civil n'ayant pas reproduit la disposition prohibitive
de l'article 3 de l'Ordonnance de 1735. Par conséquent,
sous l'empire de ce Code — bien avant 1856 par conséquent — lorsqu'une lettre missive renferme un
testament olographe contenant lui-même une substitution, le tuteur à la substitution doit, sous peine d'engager sa responsabilité (C. civ., 1073), la présenter au
bureau du conservateur des hypothèques. Et ce dernier ne saurait refuser de la transcrire : cette lettre
forme à elle seule le testament complet. Ne pas la
transcrire, d'ailleurs, ce serait rendre impossible le
seul moyen légalement valable de rendre la substitution publique (C. civ, 1071). Comment, en effet, refaire
le testament et se procurer un autre titre, puisque le
disposant est mort? Dans ce cas, par conséquent, une
lettre missive peut et doit indiscutablement être transcrite.

127. — La question est bien plus douteuse dans le
cas d'un contrat par correspondance auquel il nous
faut maintenant revenir. L'acquéreur, en admettant
qu'il ne puisse pas faire transcrire la lettre qu'il a reçue,
a malgré cela bien des moyens de se mettre dans la
possibilité d'invoquer son titre d'acquisition à l'encontre des tiers. Il lui sera en effet très facile d'obte-

nir de gré ou de force de son auteur un titre qu'il fera ensuite transcrire. Plaçons-nous dans l'hypothèse très simple où un immeuble est vendu par correspondance. L'acquéreur pourra d'abord écrire à son co-contractant de lui envoyer une procuration à l'effet de faire dresser un acte de vente notarié. Il pourra aussi obtenir contre son vendeur récalcitrant un jugement. Acte et jugement pourront également être transcrits.

Voilà bien des moyens pour l'acquéreur d'arriver à la transcription, mais, tous, ils demandent du temps, d'autant plus de temps que le vendeur est loin d'avoir à la transcription le même intérêt que l'autre partie. L'acquéreur ne rencontrera généralement chez lui qu'indifférence ou même mauvaise volonté. Et, avant que toutes ces formalités soient remplies, le vendeur, s'il est un homme de mauvaise foi, aura le temps de revendre l'immeuble à un autre ou de le grever de droits réels. L'acheteur a un très grand intérêt, dans ce cas, à faire transcrire avant ce nouvel ayant-cause. S'il doit attendre la passation d'un acte ou l'obtention d'un jugement, il a bien des chances pour arriver le dernier. C'est même lorsque la transcription est ainsi particulièrement urgente pour l'acquéreur que le vendeur s'y prêtera le moins.

Il faut donc, de toute nécessité, venir au secours de l'acheteur menacé par la mauvaise foi de son vendeur. Pour cela, il n'y a qu'un moyen : lui permettre de faire transcrire la correspondance qu'il a entre les mains, lettre ou dépêche, peu importe.

Le peut-il ?

128. — Des auteurs lui ont contesté ce droit. Ce qui doit être transcrit, disent-ils en ce sens, c'est, d'après les termes mêmes de l'article 1 de la loi du 23 mars 1855, « l'acte translatif de propriété ». Or, un acte translatif de propriété, ce n'est pas un écrit quelconque, c'est un véritable titre de propriété. Une lettre, une dépêche, sont-ce là des titres ? Non. L'acquéreur est ou acceptant ou pollicitant. Dans le premier cas, rien ne dit au conservateur que la lettre d'offres qui lui est montrée a été suivie d'une réponse affirmative. Et, dans le second, qui lui prouve que la lettre d'acceptation présentée à la transcription n'est pas arrivée trop tard ? Une lettre ne suffit donc pas.

Cette exigence, continue-t-on, est fondée en raison. Lors de la discussion du projet qui devait aboutir à la loi du 23 mars 1855, on avait proposé de n'admettre à la transcription que les seuls actes authentiques. Cette opinion n'a pas prévalu à cause de sa trop grande rigueur ; mais elle n'était que l'expression exagérée d'une idée juste en elle-même: c'est que les registres que le conservateur des hypothèques tient à la disposition du public ne doivent contenir que des indications absolument sérieuses. Il ne faut pas qu'en faisant

transcrire une lettre qui n'est peut-être que l'expression de pourparlers qui n'ont pas eu de suite, ou qui
même est le résultat d'un faux, un ennemi personnel
ou un mauvais plaisant puisse nuire à mon crédit en
se faisant passer aux yeux du public pour le véritable propriétaire de l'immeuble qui m'appartient.

La transcription de la correspondance, ajoute-t-on,
est d'ailleurs impossible, étant données les règles de
notre droit en matière de transcription. La loi de 1855
exige, comme l'article 2181 C. civ., que la transcription soit faite en entier. L'acte translatif de propriété
doit être complètement transcrit. Cela résulte des travaux préparatoires de la loi de 1855. L'article 3 du
projet primitif proposait un nouveau mode de transcription : dépôt d'une copie de l'acte à transcrire à la
conservation des hypothèques, et transcription par
extraits sur les registres du conservateur. Cette innovation fut rejetée, et le système des transcriptions
intégrales maintenu. C'est donc un titre entier et complet dont copie doit être faite sur le registre des transcriptions. Or, la lettre du vendeur (la seule que l'acheteur ait entre les mains) est un titre incomplet. Par
suite, la transcription qui en serait faite par le conservateur serait irrégulière.

129. — Il faut bien comprendre toute la portée et
toutes les conséquences du raisonnement que nous
venons d'exposer. Il en résulte d'abord que l'acheteur

ne pourrait pas faire utilement transcrire la lettre qu'il a entre les mains, lettre par laquelle le vendeur lui fait ses offres ou accepte ses propositions, suivant que ce sera le vendeur ou l'acheteur qui aura pris l'initiative du contrat. La lettre du vendeur prise isolément forme en effet un titre incomplet dont la transcription serait inutile. Vainement l'acheteur joindrait à cette lettre une copie de celle qu'il a lui-même envoyée ; rien ne prouve que cette lettre était bien conforme à la prétendue copie qui en est présentée. Et, qui certifiera que cette copie n'est pas absolument fictive ? Qui prouvera que la lettre correspondante a bien été reçue ou même qu'elle a été mise à la poste ?

Allons plus loin. Supposons que l'acheteur ait obtenu du vendeur le renvoi de sa lettre. Quand bien même l'acheteur se présenterait au bureau de la conservation des hypothèques muni d'une lettre d'offres et d'une lettre d'acceptation, rien ne dit au conservateur que les lettres qui lui sont présentées constituent bien la correspondance originale ; rien ne lui prouve que la lettre d'acceptation est arrivée en temps utile, avant la rétractation de l'offre, par exemple. Le danger que l'on redoute dans ce système ne se trouve pas conjuré. De toute façon, impossibilité absolue de faire transcrire la correspondance.

130. — L'iniquité de ce système est évidente. Il

aboutit à refuser à l'acheteur, menacé par la mauvaise foi de son auteur et qui a un besoin urgent de faire transcrire, tout moyen efficace de sauvegarder ses droits. La Cour de Paris qui a adopté ce système dans un arrêt du 6 mai 1865 (S., 1866, 2, 145) a bien compris qu'il était pratiquement impossible de l'admettre dans toute sa rigueur, et elle a proposé elle-même un palliatif. Dans l'espèce, l'offre émanait du vendeur. L'acheteur avait répondu par une lettre d'acceptation, puis, apprenant que le vendeur traitait avec un second acquéreur, il s'était empressé de faire transcrire, en même temps que la lettre d'offres du vendeur, copie de sa lettre d'acceptation. Le tribunal de la Seine (jugement du 4 août 1864) et après lui la Cour de Paris estimèrent cette transcription inefficace. Mais, pour corriger la rigueur de sa décision, la Cour ajouta que l'acheteur aurait dû et aurait pu faire valablement transcrire, en même temps que la lettre d'offres du vendeur, l'acte d'huissier par lequel il aurait dû signifier au vendeur l'acceptation de ses offres. Mais qui ne voit que ce tempérament par lequel on essaye de sauvegarder l'intérêt de l'acheteur n'est qu'une inconséquence? Rien ne prouve que cette acceptation signifiée par huissier est arrivée en temps utile, et que le contrat a été formé. Et puis, d'après cette jurisprudence, il faudrait donc faire porter ses lettres par un huissier, pour pouvoir contracter par correspondance en toute sûreté! Nous ne voulons pas insister sur les inconvénients pratiques d'un moyen si long et si coûteux.

131. — N'est-il pas à la fois plus simple et plus pratique de permettre à l'acheteur de faire transcrire la correspondance qu'il a entre les mains ? En définitive, le contrat est formé et l'acheteur a un droit. Il nous répugne d'admettre que cet acheteur, à qui la loi impose ensuite la transcription pour conserver son droit à l'égard des tiers, soit empêché par la loi elle-même de remplir utilement cette formalité.

Lorsque MM. Aubry et Rau viennent dire [1] que, « en matière de vente par correspondance, la transcription doit comprendre toutes les pièces nécessaires pour constater d'une manière régulière et certaine l'accord des parties », ils donnent une formule qui aurait besoin d'être éclaircie par des exemples et qui n'est peut-être pas l'expression absolument exacte de la pensée du législateur. Nous n'avons point, dans notre Droit, de texte formel réglant les conditions auxquelles doivent satisfaire les pièces présentées au conservateur pour être admises à la transcription [2]. Sous l'empire de la loi belge du 16 décembre 1851 qui dit dans son article 2 dont les termes sont essentiellement limi-

---

[1] Tome II, § 209 texte et note 9.

[2] L'article 2148, C. civ. est spécial à l'*inscription* des hypothèques contrat qui d'ailleurs ne peut se former par correspondance ; ce texte laisse notre question entière.

tatifs : « Les jugements, les actes authentiques et les « actes sous seing privé reconnus en justice ou devant « notaire sont seuls admis à la transcription », il n'y a pas de doute possible, et la correspondance ne peut évidemment pas être transcrite. Mais, dans notre législation, les textes sont loin d'être aussi précis. L'article 2181 C. civ. et les travaux préparatoires de la loi de 1855 ne prouvent qu'une chose : c'est que le conservateur doit transcrire intégralement l'acte qui lui est présenté. Les auteurs de la loi de 1855 ont repoussé la transcription par extraits. Pourquoi ? Parce qu'ils n'ont pas voulu, en faisant le conservateur juge de ce qu'il devait ou non transcrire sur son registre, lui imposer par là même une responsabilité dangereuse parfois difficile à éviter. Mais cette raison qui a fait rejeter, à bon droit, croyons-nous, la transcription par extraits d'un acte n'a plus aucune force s'agissant de la transcription d'un acte incomplet, ce qui est tout différent. L'argument basé sur le rejet de l'article 3 du projet primitif de la loi sur la transcription a en effet ce vice capital — vice qui suffit à le faire rejeter — de confondre la transcription par extraits d'un acte qui en lui même peut être complet ou incomplet, avec la transcription d'une pièce prouvant incomplètement ou insuffisamment le contrat, transcription qui peut très bien être faite intégralement.

Quant à l'argument tiré de l'article 1 de la loi de

1855 qui parle d'*actes translatifs de propriété*, il suffit pour lui ôter toute valeur de faire remarquer que cette expression peut aussi bien s'entendre du fait juridique générateur du droit (*quod actum est*) que de l'acte écrit constatant la convention (*quod scriptum est*). Pris en ce nouveau sens, ces mots ne s'opposent pas à la transcription d'un écrit quelconque constatant le contrat. On ne peut édifier sérieusement une opinion juridique sur une équivoque.

Un argument d'analogie très puissant se tire au contraire de ce qui se présente dans des hypothèses toutes voisines. Les conservateurs inscrivent l'hypothèque légale du légataire sur la présentation d'un testament olographe, le privilège du vendeur ou du copartageant en vertu d'un acte sous seing privé relatant une vente ou un partage, et même la séparation des patrimoines demandée par les créanciers d'un défunt sur la vue d'un simple bordereau. Pourquoi ne pourraient-ils pas transcrire un contrat sur la présentation d'une lettre ? Pourquoi se montrer plus sévère en matière de transcription qu'en matière d'inscription ? Où serait le motif de cette sévérité ?

132. — A coup sûr, ce motif ne se rencontre pas dans l'esprit général de notre législation en matière de publicité des droits réels. La doctrine que nous repoussons contredit en effet, croyons-nous, les principes fondamentaux de notre Droit sur la transcription.

Ce système repousse la transcription de la correspondance parce que, d'après lui, la transcription ne doit
avoir lieu que sur la présentation de pièces qui
prouvent le contrat d'une manière certaine. Or cette
exigence se comprend très bien dans une législation
qui décide, comme le fait la législation allemande,
que la mention portée sur les registres constitue un
titre qui influe sur le fond même du droit. En Allemagne, c'est la publicité qui, aux yeux des tiers, fait
le propriétaire. Le véritable propriétaire qui triomphe
dans l'action en revendication doit respecter les actes
passés par les tiers avec celui qui, d'après les
registres, passait pour propriétaire. Seulement le
revendiquant, en faisant dès maintenant inscrire sa
prétention sur les registres, pourra, si plus tard il
triomphe, opposer son droit à ceux qui auraient traité
avec le possesseur inscrit postérieurement à la transcription de son action en revendication. C'est ce que
l'on appelle une *prénotation* (*Vormerkung*), c'est-à-
dire une réserve d'inscription pour l'avenir [1].

Aussi, en Allemagne, la tenue du livre foncier
(*Grundbuch*) est-elle confiée à un véritable juge
(*Grundbuchrichter*) qui peut et qui doit contrôler les
déclarations des requérants et les pièces qu'ils produisent. « L'incription, émanée de lui, devient un

---

[1] Loi prussienne du 5 mai 1872 sur l'acquisition de la propriété
immobilière, article 9.

acte de juridiction, c'est-à-dire un acte qui a sa force en lui-même et qui, comme un jugement en dernier ressort, consacre le droit en le proclamant[1]. »

Bien différent est le caractère du conservateur des hypothèques français. C'est « un simple administrateur » qui ne saurait être juge de la valeur des actes qui lui sont présentés. « Les transcriptions et inscriptions ne sont sous sa plume que de simples copies qui, dénuées de valeur par elles-mêmes, empruntent toutes leurs forces aux actes qu'elles reproduisent. » En d'autres termes, ainsi que l'a dit M. Beudant[2], « là où les registres allemands prouvent, les nôtres avertissent; là où ils dispensent de recherches, les nôtres les facilitent ». Qu'arrivera-t-il donc dans ce système si, par la transcription d'une correspondance mensongère, vous rendez public un contrat qui n'est jamais intervenu entre nous? Vous aurez simplement payé les frais d'une transcription inutile qui peut bien, il est vrai, nuire à mon crédit, mais qui ne saurait porter aucune atteinte à mes droits. Après comme avant, je resterai propriétaire de la maison que vous prétendez vous avoir été vendue. Après comme avant, j'aurai sur cette maison un droit réel dont je pourrai

---

[1] Paul Gide, *La réforme hypothécaire en Prusse*, p. 7. — Cpr Pierre Odier, *Des systèmes hypothécaires*. — Chalamel, *Etude sur la partie du projet de Code civil allemand relative aux droits réels* (*Bulletin de la Société de législation comparée*, avril 1889, p. 404).
[2] Dalloz, 1867, 2, 25.

me prévaloir envers et contre tous. Rien ne sera changé dans ma situation : il y aura simplement une erreur de plus sur le registre des transcriptions, erreur qu'il me sera facile de faire rectifier.

Il n'y a donc point lieu d'exiger dans notre Droit que les pièces présentées à la transcription prouvent le contrat d'une façon absolument certaine. Il n'y a point de corrélation entre la validité de l'acte et la possibilité de la transcription.

133. — Ainsi raisonne-t-on dans l'opinion qui permet de transcrire la correspondance. En définitive, une idée se dégage de toute cette discussion : il y a moins d'inconvénients à transcrire un contrat qui n'existe pas qu'à refuser de transcrire un contrat valable. Contre celui qui prétend avoir acheté de moi, je puis revendiquer, mais il n'y a pas de revendication possible contre le tiers qui a acquis un droit réel du chef de mon auteur et qui l'a fait transcrire avant moi.

Nous admettrons donc que le conservateur peut et doit transcrire la correspondance qui lui est présentée (Cpr argument art. 2199 C. civ.). En faveur de cette solution que nous croyons juridiquement établie, nous ajouterons une dernière considération. La loi du 28 avril 1816, la même qui soumet au droit proportionnel les lettres missives contenant une convention (argument article 43, n° 14), décide que le droit de transcription sera désormais compris dans le droit proportionnel de mutation qui sera majoré d'autant (articles 52 et 54). Ne serait-il pas injuste et contradictoire de refuser d'opérer une transcription que la loi oblige à payer ?

DIFFICULTÉS SPÉCIALES A CHAQUE MODE DE CORRESPONDRE

CHAPITRE V

DES LETTRES MISSIVES

134. — Ayant ainsi terminé l'étude des contrats par correspondance en général, il nous reste maintenant à examiner brièvement les difficultés particulières que peut faire naître en notre matière l'emploi de tel ou tel mode de correspondre.

Sur la correspondance postale, tout d'abord, nous avons à nous poser les questions suivantes : A qui appartient une lettre missive ? Par qui et à quelles conditions peut-elle être produite en justice ? Quelle est sa force probante ? Ces trois questions s'enchaînent mais ne se confondent pas. Aussi, nous consacrerons à chacune d'elles une section spéciale, réservant pour une quatrième et dernière section le point de savoir comment se prouve la correspondance. C'est là un point complètement distinct de celui qui fait l'objet de la section III. Dans un cas, on se demande comment se prouve l'existence d'une lettre que l'une des parties prétend n'avoir pas été envoyée. Dans l'autre, on se demande quelle preuve résulte d'une lettre dont l'existence n'est pas contestée.

Donc, quatre sections.

SECTION I

PROPRIÉTÉ DES LETTRES MISSIVES

135. — La question de savoir qui de celui qui a écrit une lettre ou de celui qui l'a reçue, en est propriétaire est loin d'être sans intérêt. D'abord, si l'expéditeur est un homme célèbre, la lettre émanée de lui peut avoir, aux yeux de l'amateur d'autographes, une valeur commerciale quelquefois considérable. La correspondance inédite d'un écrivain peut présenter une valeur très sérieuse en librairie. Dans ces deux cas, c'est le propriétaire de la lettre qui en bénéficiera. Enfin, à un point de vue plus modeste et qui touche de plus près à notre sujet, il faut déterminer qui est propriétaire d'une lettre pour savoir qui a le droit d'en faire usage et de s'en prévaloir en justice.

136. — Quel est donc ce propriétaire ? L'hésitation

est possible entre deux personnes : l'expéditeur et le destinataire de la lettre.

Le premier peut invoquer pour lui le droit du créateur. C'est lui qui a écrit la lettre, ce sont ses pensées qui y sont consignées. Cette lettre est un produit de son imagination au même titre qu'un roman ou une œuvre dramatique, toutes proportions gardées d'ailleurs. L'auteur d'une lettre a sur sa lettre le même droit que l'écrivain sur son roman. Le droit de propriété du premier est la conséquence et le corollaire du droit de propriété du second. Entre les mains du destinataire, la lettre n'est qu'un dépôt confié à son amitié et à sa discrétion. La langue vulgaire, ajoute-t-on, ne s'y trompe pas : l'expéditeur dit : *ma lettre*, et le destinataire : *votre lettre*.

Cette opinion a été soutenue dans le sein de la commission chargée en 1826 d'élaborer un projet de loi sur la propriété littéraire par Royer-Collard qui déclara que « personnellement, il ne consentirait jamais à ce que qui que ce fût imprimât une de ses lettres sans sa permission ». Elle a été consacrée par un vieil arrêt de la Cour de Limoges du 17 juin 1824 (Dev. et Car., *Coll. nouv.*, VII, 2, 383) qui décide très nettement « qu'une lettre est la propriété de celui qui l'écrit et n'est qu'un dépôt entre les mains de celui qui la reçoit ».

Cependant, nous n'hésitons pas à adopter l'opinion

contraire qui, d'ailleurs, prévaut aujourd'hui [1]. Sans doute, une lettre est la propriété de son auteur tant qu'elle reste entre ses mains, mais, en l'expédiant, celui-ci en transmet la propriété au destinataire [2]. Ce dernier puise des titres suffisants dans la suscription de l'enveloppe qui porte son nom, et dans la remise qui lui a été faite par le facteur. Propriétaire de la lettre, il est libre d'en disposer à son gré : il peut la publier, la produire en justice, la détruire s'il lui plaît. Ses héritiers ont le même droit que lui (Cass., 3 février 1873 ; S. ; 73, 1,313). Il n'y a d'ailleurs aucune distinction à faire à ce point de vue, suivant que la lettre est ou non papier d'affaires, ou suivant qu'elle a ou qu'elle n'a pas un caractère scientifique ou littéraire [3].

137. — Mais les nombreux arrêts qui consacrent cette opinion y ont tous apporté un tempérament qui résulte du *principe de l'inviolabilité du secret des*

---

[1] V. Aubry et Rau, t. VIII, § 760 *ter* texte et note 2, et les arrêts qui y sont cités, auxquels on peut joindre un jugement du tribunal de la Seine du 15 novembre 1887 (*Gazette du Palais, Supplément,* p 565). — Vannier, *Des lettres missives, Revue pratique,* 1866, t. XXI, p. 82 et s. — Albert Tissier, *La propriété et l'inviolabilité des lettres missives.*

[2] Cpr L 65, D., *de Acquirendo rerum dominio,* XLI, 1. Ce texte suppose bien que la lettre appartient au destinataire, puisque le jurisconsulte se demande *à quel moment* le destinataire en devient propriétaire.

[3] Le caractère de ce travail où la question de la propriété des lettres missives ne se présente que d'une façon accessoire ne nous permet pas d'entrer dans les détails sur ce point. Rejeter également une opinion intermédiaire qui considère la lettre comme la propriété commune de son auteur et du destinataire.

correspondances privées. Le destinataire n'a point sur la lettre qui lui est remise un droit absolu. Il a une propriété d'une nature particulière qui comporte relativement à la faculté de disposer certaines restrictions commandées par les convenances sociales. C'est ainsi que le destinataire ne pourrait pas livrer à la publicité sans le consentement de leur auteur des lettres ayant un caractère confidentiel. C'est là une application du principe du secret des lettres, proclamé par la Constituante en 1790[1], sanctionné aujourd'hui[2] par l'article 187 C. pénal. C'est en se fondant sur ce principe que la Cour de Paris, par un arrêt du 10 décembre 1850 (S., 1850, 2, 626) a ordonné d'interrompre la publication commencée par le journal *La Presse* de lettres écrites par Benjamin Constant à Mme Récamier[3]. Mais le destinataire pourrait très bien livrer à la publicité des lettres non confidentielles.

[1] « Le secret des lettres est inviolable, et sous aucun prétexte il ne peut y être porté atteinte ni par les corps ni par les individus. » (Décret des 10-24 août 1790). Cpr décret des 10-22 juillet 1791 ; Code pénal des 25 septembre-6 octobre 1791, 2° partie, livre I, section 3, art. 23 ; Code des délits et des peines du 3 brumaire an IV, art. 638.

[2] Mais seulement lorsque le secret a été violé par « un fonctionnaire ou un agent du gouvernement ou de l'administration des postes ». Notre Code pénal ne punit pas la violation commise par un simple particulier, ce qui est une lacune. Cpr également sur la limitation apportée au principe du secret des lettres par les règles du Code d'instruction criminelle : Bonnier, *Traité des preuves* (5° édition), n° 765.

[3] Les considérants de cet arrêt sont remarquables. On les trouvera reproduits dans la *Revue critique*, t. I, p. 104, où ils sont accompagnés d'observations aussi spirituelles que justes de M. de Cormenin.

Nous citerons en ce sens, comme offrant un intérêt
historique du même genre que l'arrêt précité, un jugement du tribunal de la Seine du 8 décembre 1864 qui
reconnut à l'abbé Perreyve le droit de continuer la
publication de lettres trouvées dans la succession du
père Lacordaire, lequel lui avait légué en témoignage
d'affection tous ses papiers, *y compris les lettres qui
lui avaient été adressées.*

Nous verrons de même tout à l'heure que le caractère confidentiel ou non confidentiel d'une lettre peut
influer sur le droit qu'a le destinataire de la produire
en justice.

138. — Il resterait à se demander si, à un autre
point de vue, le droit de propriété du destinataire ne
subit pas certaines restrictions résultant des rapports
d'autorité et de dépendance existant entre l'auteur de
la lettre et lui. Cette question s'est souvent posée en
pratique au sujet de lettres adressées par une maison
de commerce à un commis voyageur à raison de son
emploi. Une jurisprudence constante décide que ces
lettres restent la propriété de la maison qui peut toujours les réclamer à son représentant (Bordeaux,
12 mars 1842, Dall. v° *Lettre missive*, n° 8 ; —
Douai, 24 juin 1874; D., 75., 2, 95). Dans cet ordre
d'idées, il y aurait aussi à déterminer l'étendue du
droit des parents, maris et tuteurs sur la correspondance des personnes placées sous leur autorité. Il y a

là une question intéressante mais dont l'examen détaillé dépasserait le cadre de cette étude. Mais quelqu'entendu que soit ce droit, ou plutôt ce devoir de surveillance, un point, croyons-nous, est certain : les lettres adressées à des incapables sont la propriété de ces incapables. C'est à tort qu'un vieil arrêt de la Cour de Paris du 13 mai 1826 (Dall., v° *Lettre missive*, n° 7) a décidé qu'une lettre écrite par le mari à sa femme était la propriété du mari. Notre opinion est d'ailleurs corroborée par un avis du Conseil d'État du 13 mai 1885 qui décide que l'administration des postes ne saurait, sans engager sa responsabilité, modifier le mandat qu'elle a reçu de l'expéditeur et remettre à une autre personne, fût-ce à son représentant légal, la lettre adressée à un incapable [1].

SECTION II

PRODUCTION EN JUSTICE DES LETTRES MISSIVES [2]

139 — Il faut distinguer si c'est le destinataire ou un tiers qui veut faire usage de la lettre.

---

[1] *Revue générale d'administration*, 1885, t. II, p. 335. Cpr F. Sanlaville, *De la responsabilité civile de l'État en matière des postes et télégraphes*, p. 65 et suivantes.

[2] Cpr sur ce sujet : Aubry et Rau, t. VIII, § 760 *ter*; Larombière, *Théorie et pratique des obligations*, t. IV, art. 1331, n° 14; Bonnier, *Traité des preuves* (édition Larnaude), n° 694.

a) Le destinataire, nous l'avons vu, est propriétaire de la lettre. Il peut par suite en faire usage et l'invoquer en justice à l'appui de ses prétentions. Si cette lettre constate la conclusion d'une convention entre lui et l'expéditeur, il pourra l'opposer à ce dernier qui refuse d'exécuter ses engagements. Il pourrait également, s'il y avait intérêt, s'en prévaloir à l'égard des tiers. Propriétaire de la lettre, le destinataire et ses héritiers peuvent la produire en justice. Tel est le principe.

Mais l'auteur de la lettre ne pourrait-il pas s'opposer à sa divulgation dans certains cas, en alléguant, par exemple, le caractère confidentiel de cette lettre ? La bonne foi commande ici une distinction. Si la production de la lettre n'offre pas d'intérêt sérieux pour le débat, si elle est tentée simplement par malice et dans l'intention de nuire, le juge pourra très bien s'opposer à sa divulgation. *Malitiis non est indulgendum.* Mais, en vertu du même adage, le juge devrait déjouer une combinaison consistant à insérer dans une lettre d'affaires des communications d'un caractère confidentiel, afin d'empêcher le destinataire qui a intérêt à s'en prévaloir de la produire en justice. Il y a là une fraude dont le juge devrait refuser de se faire le complice. D'ailleurs, l'expéditeur devait savoir qu'une lettre d'affaires est pour celui à qui elle est adressée un titre qu'il peut avoir besoin d'invoquer.

Mais, où finit la lettre confidentielle ? où commence la lettre d'affaires ? Il est bien difficile de le dire. Il faut, en cette matière plus qu'en aucune autre, reconnaître aux tribunaux un pouvoir d'appréciation très large. Ce sont questions d'espèce, et il n'y a point à s'inquiéter des décisions en apparence contradictoires de la jurisprudence. De là nous conclurons qu'un arrêt ou un jugement autorisant ou défendant la production d'une lettre en justice ne pourrait pas être cassé sous ce prétexte qu'il a, en le faisant, faussement interprété la loi (Cass., 3 février 1873 ; S., 73, 1,315), L'héritier du destinataire, dit le conseiller rapporteur dans l'affaire qui fait l'objet de cet arrêt, est devenu propriétaire de la lettre. « Est-ce à dire qu'il « a acquis le droit de s'en servir impunément pour tout « espèce d'usage ? Non. Il appartient aux tribunaux « de régler souverainement cet usage, d'examiner si, « en définitive, celui qui produit une lettre use d'un « droit légitime pour un intérêt sérieux, ou s'il agit « dans l'intention de nuire ou avec une imprudence « répréhensible. Les sentences des tribunaux dans cet « ordre d'idées échappent à votre contrôle.... »

140. — *b)* Une personne a entre les mains une lettre qui ne lui a pas été adressée. Peut-elle la produire en justice ? Il faut répondre que le propriétaire de la lettre pourra toujours s'opposer à la divulgation

de cette lettre qui ne pourra avoir lieu qu'avec son consentement. Et il n'y a pas à distinguer entre le cas où le
tiers détient la lettre par suite de manœuvres dolosives
ou d'une erreur de la poste, et celui où la lettre lui a
été confiée par le destinataire lui-même. L'opposition
du destinataire à ce que la lettre dont il est propriétaire
soit produite en justice forme par elle-même un obstacle absolu à sa production, *sans même qu'il ait besoin
de démontrer que cette lettre est confidentielle.*

Seulement, si la lettre est confidentielle, le tiers
possesseur aura besoin pour la produire non seulement
du consentement du destinataire, mais encore de celui
de l'expéditeur. Sur le point de savoir quand l'auteur
de la lettre pourra s'opposer à sa divulgation en pré-
textant de sa nature confidentielle, il faut appliquer
ici ce qui a déjà été dit pour le cas où c'est le destinataire qui veut se prévaloir de la lettre. Autrement
dit, le tiers, avec l'assentiment du destinataire
peut faire usage de la lettre comme le destinataire
lui-même ; sans cet assentiment, il ne peut pas s'en
prévaloir.

Telle est la règle, mais il ne faut pas l'entendre dans
un sens trop absolu, et il y a tel cas où le destinataire
de la lettre serait mal venu à vouloir empêcher le tiers
de l'invoquer. C'est ce qui arrive, par exemple, lorsqu'à raison de sa nature et des circonstances dans
lesquelles elle a été écrite, la lettre doit être considérée

comme commune au destinataire et au tiers. De
même, le destinataire ne peut pas empêcher la partie
adverse de se prévaloir d'une lettre qu'il a lui-même
produite en justice (Cass., 19 juillet 1843 ; S., 44, 1,
236 ; — Lyon, 16 février 1854 ; S., 54, 2, 420 ;
— Bordeaux, 9 avril 1869 ; S., 69, 2, 285).

SECTION III

FORCE PROBANTE DES LETTRES MISSIVES

141. — Une personne produit une lettre en justice.
Le juge lui a reconnu ce droit, ou même son adversaire ne lui a pas contesté. Quelle preuve va en résulter en sa faveur ? Jusqu'à quel point le juge devra-
t-il entenir compte ?

Aucun texte législatif ne détermine le degré de foi
attaché aux lettres missives. La mission du juge con-
sistera donc à appliquer les principes généraux en
tenant compte des termes de la lettre et de la nature
du contrat que l'on veut prouver. L'appréciation que
fera le juge dans chaque espèce d'après sa conscience
et ses lumières pourra le conduire à l'une des trois
décisions suivantes.

a) Il pourra décider que la lettre ou les lettres qui
lui sont présentées font preuve complète du contrat et
condamner la partie qui refuse d'exécuter les obliga-

tions qui en résultent. C'est ce qui arrivera lorsque le contrat sera de ceux qui peuvent se former par correspondance (chap. I) et lorsque la lettre prouvera que le consentement de celui qui nie le contrat est intervenu au moment voulu et dans les conditions requises (chap. II et III).

b) Ou bien le juge décidera que la lettre, sans faire preuve complète du contrat, constitue cependant un commencement de preuve par écrit suffisant pour rendre admissible la preuve testimoniale. C'est ce qui aura lieu lorsque la lettre émanée du défendeur contiendra des allégations de nature à rendre vraisemblable le fait allégué par le demandeur (C. civ. 1347). Par exemple, un vendeur nie le contrat de vente et refuse de livrer la marchandise. L'acheteur a entre les mains non pas une lettre par laquelle son adversaire donne son consentement à la vente (cette lettre ferait preuve complète), mais une lettre postérieure dans laquelle le vendeur fait allusion au contrat antérieurement intervenu. Il y a là un commencement de preuve par écrit satisfaisant à toutes les conditions exigées par l'article 1347 C. civ., et qui permettra à l'acheteur de recourir à la preuve testimoniale pour établir l'existence du contrat[1].

Dans un autre ordre d'idées, et en dehors de

____

[1] Aubry et Rau. § 764, L. VIII, p. 332 et 342.

l'article 1347, une lettre missive peut encore constituer un commencement de preuve par écrit. Cpr. articles 323 et 341, C. civ. Mais ces textes traitent de la preuve de la filiation ; ils sont en dehors de notre matière, et par suite nous n'avons pas à nous en occuper [1].

c) Un dernier parti s'offre au juge : il pourra rejeter la lettre comme dénuée de toute force probante, et n'en tenir aucun compte. C'est ce qu'il ne manquera pas de faire s'il s'agit d'une lettre complètement étrangère au procès, ou si la lettre invoquée est impuissante à prouver le contrat, parce qu'il s'agit d'un contrat solennel qui n'est pas susceptible de se former par correspondance.

142. — Au point de vue de la preuve qui peut résulter d'une lettre missive, il reste à remarquer qu'en dehors des énonciations émanées de l'expéditeur lui-même, le timbre apposé par la poste sur l'enveloppe peut présenter une certaine utilité. Il fournit un moyen de prouver entre les parties la date du contrat. Il peut notamment aider à déterminer — ce qui, nous le savons, est fort important — le moment auquel l'acceptant dont la lettre émane s'est dessaisi de son acceptation. Le destinataire peut, il est vrai, sup-

---

[1] De même, nous n'avons pas à nous inquiéter de l'hypothèse très fréquente où des lettres sont produites à l'appui d'une demande en divorce ou en séparation de corps.

primer cette preuve en détruisant l'enveloppe. Mais il y a un moyen facile de l'en empêcher et qui est bien connu des commerçants. Il consiste simplement à ne pas se servir d'enveloppe et à écrire l'adresse sur le dos de la lettre. On peut aussi arriver au même résultat en employant une carte postale ou une carte-lettre.

Mais le timbre de la poste ne ferait pas foi de la date de la lettre à l'égard des tiers [1]. La lettre missive ne peut jamais faire preuve envers les tiers que des faits dont un acte sous seing privé ferait foi contre eux. Or, un acte sous seing privé n'acquiert date certaine à l'égard des tiers que par un des trois événements indiqués par l'article 1328 C. civ. Ce texte est applicable aux lettres missives, et de plus il est limitatif, bien qu'un ancien interprète, dont nous avons déjà eu l'occasion de réfuter les paradoxes, ait soutenu le contraire [2]. Une lettre n'acquiert donc date certaine à l'égard des tiers que par l'enregistrement, par la mort de son auteur, ou par la relation de sa substance dans un acte authentique. A ce point de vue, comme à tous les autres, la preuve résultant d'une lettre missive à l'égard des tiers doit être assimilée à celle résultant d'un acte sous seing privé [3].

---

[1] Aubry et Rau, § 754, t. VIII, p. 260.
[2] Toullier, VIII, 242.
[3] Aubry et Rau, t. VIII, § 760 *ter*, 3°. Massé, *Droit commercial*, t. IV, n° 2460.

SECTION IV

PREUVE DE LA CORRESPONDANCE

143. — Il nous reste à examiner une question de preuve, mais bien différente de la précédente. Une partie prétend avoir écrit une lettre, l'autre nie l'avoir reçue. Sera-ce à l'expéditeur à prouver que la lettre est parvenue au destinataire, ou au contraire le fardeau de la preuve retombera-t-il sur ce dernier ?

La difficulté de la preuve constitue en cette matière une tentation dangereuse lorsque l'une des parties est de mauvaise foi. Le juge sera souvent perplexe lorsqu'il se demandera dans sa conscience lequel de l'expéditeur ou du destinataire a raison. Et son incertitude sera encore augmentée par cette considération qu'il peut très bien arriver que l'un et l'autre soient également de bonne foi. Par exemple, l'expéditeur peut avoir confié la lettre à un domestique négligent qui a oublié de la porter à la poste. La lettre peut avoir pris une fausse direction ; elle peut s'être égarée à travers d'autres plis. Le facteur, trompé par une similitude de nom, peut l'avoir remise à un tiers, etc. Une foule de circonstances qu'il est impossible d'énumérer peuvent ainsi empêcher la lettre d'arriver à destination.

Quelle sera alors la tâche du juge ? Il devra, laissant

de côté toutes autres considérations, se borner à appliquer les principes du Droit. Or, ces principes, sans aucun doute, mettent la preuve à la charge de l'expéditeur (Cpr C. civ., 1315). Par exemple, une personne réclame l'exécution des offres qui lui ont été faites et qu'elle prétend avoir acceptées par lettre. A elle de prouver l'envoi de sa lettre d'acceptation : *actori incumbit probatio*. De même, l'offrant prétend avoir écrit une lettre de rétractation. Si l'acceptant qui nie l'avoir reçue réclame l'exécution du contrat, ce sera au pollicitant expéditeur de la lettre de rétractation à faire la preuve, conformément à l'adage : *reus in excipiendo fit actor*.

Ces conséquences, auxquelles conduit l'application rigoureuse des principes, peuvent paraître bien sévères pour l'expéditeur. Mais, s'il est prudent, il lui sera facile de se procurer un moyen de preuve. En payant une taxe supplémentaire de 0 fr. 25, il peut faire *recommander* sa lettre. L'administration ne se dessaisira alors de la lettre qu'entre les mains du destinataire ou de son fondé de pouvoirs, et contre la délivrance d'un reçu (Loi du 25 avril 1873, article 3). Alors, si le destinataire nie avoir reçu la lettre, l'expéditeur se retournera contre l'administration des postes, et de deux choses l'une : ou bien le destinataire aura reçu la lettre, et le reçu que produira l'administration fera preuve contre lui ; ou il ne l'aura pas reçue et le destinataire triomphera dans sa prétention, mais l'administration sera tenue d'indemniser l'expéditeur. Cette indemnité, fixée à forfait par le législateur, a été réduite de 50 fr. à 25 fr. par l'article 4 de la loi du 23 janvier 1873.

Il importe d'ailleurs de remarquer que les difficultés qui s'élèvent au sujet des contrats par correspondance se présentent surtout entre commerçants. Or l'expéditeur commerçant a entre les mains un moyen de preuve tout indiqué. Aux termes de l'article 8 *in fine* C. com., il est tenu de copier sur un registre *ad hoc* toutes les lettres qu'il envoie. Le *registre des copies de lettres* qu'il produira fera supposer jusqu'à preuve contraire que la lettre qui s'y trouve copiée est parvenue au destinataire (Bordeaux, 28 mai 1856; D., 56, 2, 219).

144. — L'existence d'un registre de copies de lettres peut faire naître une difficulté analogue à celle que nous aurons tout à l'heure à examiner en matière télégraphique. La lettre telle que l'a copiée l'expéditeur sur ses livres peut ne pas être conforme à celle qui est parvenue au destinataire. Laquelle des deux versions fera preuve[1] ?

Nous dirons plus loin qu'en matière télégraphique la dépêche reçue par le destinataire emprunte toute sa

---

[1] Avec l'usage des presses autographiques, la difficulté ne peut pas se présenter.

valeur à la minute déposée par l'expéditeur, et qu'en cas de désaccord c'est à cette dernière qu'il faut s'attacher. C'est que la dépêche n'est que la copie de la minute. Dans notre cas, au contraire, la lettre reçue par le destinataire doit l'emporter sur la copie portée sur le registre de l'expéditeur. C'est qu'en effet la lettre reçue est un original, tandis que le télégramme n'est qu'une copie. Or, dans un cas comme dans l'autre, l'original doit prévaloir sur la copie.

———

CHAPITRE VI

DE LA CORRESPONDANCE TÉLÉGRAPHIQUE

145. — Les grandes découvertes scientifiques de ce siècle ont fait naître deux nouveaux moyens de correspondre : le télégraphe électrique et le téléphone. Le plus ancien en date et encore aujourd'hui le plus important est le télégraphe.

Ne fût-ce que par les caractères particuliers qui la distinguent, la télégraphie privée mériterait déjà un chapitre à part dans une étude sur les contrats par correspondance. De plus, elle a reçu dans ces dernières années, grâce à de nombreuses dispositions législatives et réglementaires, un développement considérable. Sans entrer dans une énumération qui serait beaucoup trop longue, bornons-nous à dire qu'il n'est pas intervenu sur cette matière, depuis l'année 1875, moins de soixante lois ou décrets importants. Une convention télégraphique internationale signée à Saint-Pétersbourg les 10-22 juillet 1875 et modifiée à Londres en 1879 a remplacé la convention signée à Paris le 17 mars 1865, laquelle avait été modifiée elle-même à Vienne (1868) et à Rome (1872) [1].

En raison de toutes ces dispositions, et aussi eu égard à l'accroissement du réseau et au perfectionnement des appareils, la correspondance télégraphique privée a pris une extension considérable. Une statistique récente montre que le nombre des télégrammes taxés et distribués en France qui était de 24,83 pour cent habitants en 1877 est monté à 67,62 en 1883 et à 78,24 en 1886. L'usage du télégraphe devenant ainsi de plus en plus répandu, les décisions judiciaires sont devenues sur ce point de plus en plus nombreuses.

Il y a là, on le voit, une matière bien faite pour tenter le jurisconsulte par sa nouveauté et son intérêt pratique. Les travaux de Mittermaier [2] en Allemagne,

---

[1] Ducrocq, *Droit administratif* (6ᵉ édition), nᵒ 1327, t. II, p. 468. — L. Renault, *La Poste et le Télégraphe, Nouvelle revue historique*, 1877 p. 433 et suivantes et 539 et suivantes.

[2] *Archiv für die civilistische Praxis*, années 1859, p. 278, et 1863, p. 1.

de Bosellini [1] et de Serafini [2] en Italie, ont déjà fait faire de grands progrès au droit télégraphique. Malheureusement, en France, nous ne possédons pas encore, dans toute notre bibliographie juridique, un traité complet sur ce point. Nous avons bien quelques renseignements épars dans des ouvrages qui traitent à la fois de la correspondance postale et de la correspondance télégraphique, mais, à raison de leur objet même, ces ouvrages sont loin de prévoir toutes les questions que soulève le télégraphe. Cela tient sans doute à la difficulté de la matière qui, pour être traitée complètement et à fond, exigerait des connaissances techniques généralement peu familières aux jurisconsultes.

Quoi qu'il en soit, nous n'étudierons dans ce chapitre le télégraphe qu'au point de vue particulier qui fait l'objet de ce travail. Dans ce but, après un court historique, nous essayerons de mettre en relief les caractères spéciaux qui distinguent la correspondance télégraphique de la correspondance postale. Nous verrons ensuite quelles difficultés en résultent en notre matière.

146. — La télégraphie électrique date en France de la monarchie de juillet. La première ligne fut cons-

---

[1] *La Temi*, giornale de legislazione, 1853, t. IV, p. 449.
[2] *Le télégraphe dans ses rapports avec la jurisprudence*. Traduction Lavialle-Lameillère, Paris, 1863.

truite entre Paris et Rouen en 1844; puis après réus-
site, une autre ligne unit Paris à Lille et à la Belgique.
Ce ne fut pas sans résistance. En 1846, un député dé-
clarait à la tribune que la substitution de la télégraphie électrique à la télégraphie aérienne était un *acte
d'idiotisme*[1]. Il est vrai qu'à la même époque M. Thiers
s'élevait contre la construction des chemins de fer.

Comme la télégraphie aérienne qu'elle remplaçait,
la télégraphie électrique fut originairement réservée
au service exclusif de l'État. Elle n'était donc d'aucune utilité pour la correspondance privée. Les motifs
de ce privilège étaient exclusivement politiques.

« Depuis 1795, époque à laquelle Claude Chappe a in-
venté le télégraphe aérien, disait M. Ferdinand Barrot,
dans l'exposé des motifs du projet de loi qui organisait
la télégraphie privée[2], le Gouvernement n'a pas cessé de
jouir seul du privilège de ce rapide moyen de correspondre à grandes distances. Et il n'est pas douteux
que l'action exécutive n'ait puisé une force nouvelle
dans un procédé qui lui faisait gagner des heures, des
jours et quelquefois des semaines, qui lui permettait de
parer au mal avant qu'il ne fut connu, qui lui donnait
la faculté de réunir silencieusement toutes les forces
de l'État contre les attaques qui lui étaient signalées. »

[1] L. Renault, *La poste et le télégraphe, Nouvelle Revue historique*,
1877, p. 436.
[2] *Moniteur* du 5 mars 1850, p. 766.

Mais, dès l'origine, la nécessité s'était imposée de permettre aux compagnies de chemin de fer d'user du réseau télégraphique. En Angleterre, aux États-Unis, en Hollande et en Prusse, les particuliers se servaient du télégraphe pour leurs correspondances privées. Le Gouvernement français dut se décider à entrer dans cette voie, et une loi du 9 novembre 1850 organisa la télégraphie privée.

Mais ce n'est pas sans certaines appréhensions que le Gouvernement avait pris l'initiative de ce projet. L'idée qui semble avoir présidé à cette loi, c'est que la correspondance télégraphique privée ne doit s'exercer qu'avec l'autorisation du Gouvernement et sous son contrôle. Par cette loi, l'*État permet au public d'user de son réseau; mais il y met ses conditions et il se réserve un droit supérieur de police.* Ainsi s'expliquent : la disposition singulièrement rédigée au premier abord de l'article 1 de cette loi qui est ainsi conçu : « *Il est* « *permis* à toute personne dont l'identité est établie de « correspondre au moyen du *télégraphe électrique de* « *l'État,* par l'entremise des fonctionnaires de l'administration télégraphique. La transmission de la « correspondance télégraphique privée est *toujours* « *subordonnée aux besoins du service télégraphique* « *de l'État* »; l'article 2 qui oblige l'expéditeur à écrire la dépêche *en langage ordinaire et intelligible* et à la signer; l'article 3 d'après lequel : « le directeur

« du télégraphe peut, dans l'intérêt de l'ordre public
« et des bonnes mœurs, refuser de transmettre les dé-
« pêches... Si, à l'arivée au lieu de destination, le di-
« recteur estime que la communication d'une dépêche
« peut compromettre la tranquillité publique, il en
« réfère à l'autorité administrative qui a le droit de
« retarder ou d'interdire la remise de la dépêche » ;
l'article 4 qui décide que « la correspondance télégra-
« phique privée peut être suspendue par le Gouverne-
« ment, soit sur une ou plusieurs lignes séparément,
« soit sur toutes les lignes à la fois » ; enfin le décret
du 27 décembre 1851 dont l'article 1 proclame en cette
matière le monopole de l'État [1].

Ainsi, tandis que dans d'autres pays, comme aux États-
Unis, les lignes télégraphiques sont la propriété de
sociétés privées[2], en France, la correspondance télégraphique privée est monopolisée par l'État, et de plus
elle présente cette physionomie singulière : *le particulier qui use du télégraphe bénéficie d'une faveur, il
n'exerce pas un droit.* C'est là un point qu'il était né-

---

[1] Cette même idée explique également pourquoi pendant longtemps l'administration des télégraphes a formé une direction dépen-
dant du *ministère de l'intérieur.* Cet état de choses a duré jusqu'au décret du 5 février 1879 qui, en établissant un *ministère des
postes et télégraphes*, a opéré la fusion entre ces deux services. Dans
ces dernières années, le ministère des postes et des télégraphes a
été supprimé et les services qui en dépendaient rattachés au *Ministère des finances* (Décret du 30 mai 1887) où ils constituent la *direction
générale* des postes et des télégraphes (Décret du 15 juin 1887).

[2] Voir sur les inconvénients du système suivi aux États-Unis, où
de vastes et puissants syndicats sont arrivés aujourd'hui à établir

cessaire de mettre en lumière pour bien comprendre certaines particularités sur lesquelles nous aurons à insister dans ce chapitre.

147. — Si maintenant nous établissons une comparaison entre la correspondance télégraphique et la correspondance postale envisagées dans leurs caractères intrinsèques, nous voyons que deux différences essentielles les séparent.

En premier lieu, tandis que la lettre missive est écrite et signée par son auteur, le télégramme reçu par le destinataire ne porte trace ni de l'écriture, ni de la signature de l'expéditeur[1]. De cette première différence il résulte que le destinataire n'est pas certain de l'identité de l'expéditeur. Il peut donc très facilement commettre une erreur sur la personne de son co-contractant. Nous n'insisterons pas sur ce point qui n'est pas spécial en matière télégraphique. Une erreur sur la personne est en effet possible, soit dans un contrat par lettre missive, soit même dans un contrat *inter præsentes*, bien que dans ces deux cas elle soit de nature à se présenter plus rarement. Dans toutes ces

dans certaines regions un véritable monopole de fait, et sur le mouvement d'opinion qui se manifeste dans ce pays en faveur de la création d'un réseau télégraphique gouvernemental : *Annuaire de législation étrangère* (publié par la Société de législation comparée), 1889, p. 922 et suiv.

[1] Il faut faire exception pour le *pantélégraphe* imaginé par l'abbé Caselli, lequel transmet au destinataire l'autographe même de l'expéditeur.

hypothèses, il y a simplement lieu d'appliquer l'article 1110 C. civ. et les principes généraux du droit. Le danger que nous signalons trouve d'ailleurs un palliatif dans l'article 1 de la loi de 1850[1] qui oblige l'expéditeur à établir son identité. Mais, de ce que le télégramme n'est ni écrit ni signé par l'expéditeur, il en résulte aussi qu'il ne saurait fournir un moyen de preuve aussi décisif qu'une lettre missive. Nous insisterons sur ce point dans une section I, où nous aurons par là même l'occasion de traiter de la nature juridique du télégramme.

En second lieu, la correspondance télégraphique est sujette à certaines erreurs de transmissions inconnues dans la correspondance postale. Une section II sera consacrée à l'examen des conséquences qui en résultent. Nous aurons notamment à nous demander sur qui retombe le préjudice résultant de ces erreurs, et à ce propos nous étudierons en détail le principe si discuté de l'irresponsabilité de l'État.

148. — Mais auparavant, il est essentiel de remarquer qu'il y a une sorte de télégrammes qui n'offre pas ces particularités. Ce sont les *cartes-télégrammes* dont l'emploi, autorisé par un décret du 25 janvier 1879 dans les limites de l'ancien octroi de Paris, a été étendu

---

[1] Cette constatation de l'identité a été rendue simplement *facultative* pour l'administration par la loi du 3 juillet 1861, art. 1.

à toute l'enceinte fortifiée par un décret du 14 novembre 1884. Ces cartes-télégrammes analogues en la
forme soit aux cartes postales (cartes ouvertes), soit
aux cartes-lettres (cartes fermées), soit aux lettres ordinaires (enveloppes-télégrammes)', circulent dans des
tubes pneumatiques, et c'est la minute déposée par
l'expéditeur lui-même qui est remise au destinataire.
Ce dernier reçoit donc la carte écrite et signée par son
auteur, et il n'y a plus d'erreurs possibles dans la
reproduction. Au fond, ce sont là de véritables lettres,
mais payant une taxe plus élevée et circulant plus vite.
Il y a donc lieu d'appliquer aux cartes-télégrammes
non plus les règles des télégrammes ordinaires, mais
les principes que nous avons déjà exposés au sujet des
lettres missives.

SECTION I

PREMIER CARACTÈRE DISTINCTIF DU TÉLÉGRAMME : IL N'EST NI
ÉCRIT, NI SIGNÉ DE LA MAIN DE L'EXPÉDITEUR. — CONSÉ-
QUENCES.

149. — La nature même de l'opération télégraphique s'oppose évidemment à ce que les caractères
tracés sur la dépêche reçue par le destinataire émanent
de la main de l'expéditeur. Suivant l'appareil usité, le
télégramme sera écrit de la main d'un employé (appa-

reil Morse) ou imprimé en caractères romains par l'appareil lui-même (appareil Hugues). Ce second procédé a sur le premier cette supériorité d'établir d'une façon certaine que la dépêche a été véritablement envoyée et qu'elle n'est pas due à la fantaisie d'un employé du bureau de réception. Mais c'est là un avantage bien secondaire. Dans un cas comme dans l'autre, le destinataire n'a pas la certitude que la dépêche émane réellement de l'expéditeur apparent. La possibilité d'une erreur dans la transmission vient encore diminuer la force probante d'un télégramme que l'expéditeur n'a ni écrit ni signé. De là résultent des difficultés spéciales à la correspondance télégraphique, difficultés qu'il nous faut maintenant étudier, toujours en nous plaçant au point de vue des contrats que ce moyen de communication peut servir à faire naître.

150. — Un point d'abord est certain. Le fait que la dépêche ne porte pas la signature de l'expéditeur n'empêche pas le contrat de se former. Autrement, il serait impossible de contracter par télégramme. Les principes, en effet, qu'il ne faut jamais perdre de vue, disent que le seul consentement suffit à la perfection des contrats. L'écriture, comme la parole, peut être nécessaire pour en manifester l'existence et lui donner une efficacité juridique qui ne saurait appartenir au simple *propositum in mente retentum;* mais elle n'est point

requise à titre de formalité. Il en est d'une dépêche comme d'une lettre. Il suffit que la lettre manifeste clairement le consentement de celui de qui elle émane. Pas plus aujourd'hui que dans notre ancien Droit, nul n'exige qu'une lettre soit datée ou signée pour obliger son auteur. Les télégrammes ne sauraient évidemment être régis par d'autres principes.

Aucun doute ne s'élève donc quant à la formation même du contrat. L'application des principes généraux en matière de consentement suffit à résoudre toutes les difficultés qui pourraient s'élever. Si nous considérons, au contraire, non plus les conditions d'existence du contrat, mais les moyens de le prouver, la question devient beaucoup plus délicate.

151. — Nous avons vu précédemment quelle était la force probante d'une lettre missive. Celle d'un télégramme, qui n'est ni écrit ni signé de la main de l'expéditeur, est naturellement moindre. Mais les auteurs ne sont pas d'accord. Le degré de foi qui s'attache à un télégramme dépend en effet de sa nature juridique, laquelle est très discutée [1].

Certains jurisconsultes (Fuchs [2], Stubenrauch [3]) ont

---

[1] V. sur cette question : Serafini, *op. cit.*, chap. VI, § 25 et suivants.
[2] *Einige Fragen aus dem Telegraphenrechte*, Archiv für die civilistische Praxis, 1860, T. XLIII.
[3] *Der elektrische Telegraph in privatrechtlichen Beziehung*, Allegemeine osterreichische Gerichtszeitung, 1875, t. XII, n° 18.

vu dans le télégramme reçu par le destinataire *l'ex-pression originale de la volonté de l'expéditeur*. Ils ont assimilé la dépêche à une lettre, et ils ont fondé cette solution — qui est absolument contraire à la réalité des choses et à la nature même de l'opération télégraphique — sur la volonté de l'expéditeur. Si le destinataire, dit-on, ne voyait dans le télégramme qui lui est remis par l'administration qu'une simple copie impuissante par elle-même à établir la volonté de l'expéditeur, il ne s'engagerait pas. Or l'expéditeur veut contracter et, par suite, « il veut que le télégramme soit considéré comme autographe, puisque c'est seulement à cette condition qu'il peut atteindre son but. » Entre la minute déposée au bureau et le télégramme remis au destinataire, il y a la même relation que celle qui existe entre le manuscrit remis à l'imprimeur et le livre imprimé. Conclusion : la force probante d'une dépêche est la même que celle d'une lettre ; en cas de désaccord entre le télégramme et la minute, il faut s'attacher à la dépêche qui contient *ce que l'expéditeur a dit effectivement*, de préférence à la minute qni contient seulement *ce qu'il a voulu dire*, et qui n'a pas plus d'importance que le brouillon d'une lettre.

Telles sont en résumé les conséquences que le professeur Fuchs tire de son système. Cette manière de voir ne nous semble pas exacte. Il n'est pas juridique d'attribuer la force probante d'un original à un télégramme qui peut avoir été infidèlement transmis soit par l'employé du bureau de départ, soit par les employés des stations intermédiaires. La volonté de l'expéditeur ne peut pas influer sur la nature même de l'opération télégraphique. Elle ne peut pas transformer en un titre original ce qui n'est en réalité « qu'une simple dictée (*relazione*, dit Serafini) écrite par l'employé télégraphique sur ce qui lui est communiqué par le télégraphiste d'une station précédente. »

152. — Il ne faudrait pas voir non plus dans le télégramme une *copie authentique*, comme l'ont proposé d'autres auteurs. Le télégraphiste n'est pas un officier public. Ce système, qui n'est pas soutenable au point de vue de notre Droit français, serait d'ailleurs détestable en législation. L'employé du télégraphe agit sans témoins et en dehors de la présence des parties. Le contrôle de ces personnes serait d'ailleurs illusoire le plus souvent, étant donnée leur ignorance des signes télégraphiques. L'employé de la station d'arrivée, de son côté, ne peut pas confronter la minute avec les mots transmis. Enfin, dans l'état actuel de l'art télégraphique, on ne peut pas considérer les chances d'erreur comme complètement supprimées.

153. — Ces opinions écartées, il ne reste plus que

celle de Serafini : le télégramme est *une simple copie dictée par un employé à un autre*. Ce système, à la fois en harmonie avec les lois de la physique et avec les règles du Droit, nous paraît seul conforme à la vérité scientifique. Nous concluerons donc :

La dépêche est une copie qui emprunte toute sa valeur à la minute déposée par l'expéditeur, et dont elle n'est que la reproduction. Si la teneur ou la réalité du télégramme reçu par le destinataire est contestée, il faudra le confronter avec l'original dont on pourra demander communication au bureau de départ. A ce bureau, en vertu du décret du 16 août 1881, article 28, l'original du télégramme a dû être conservé pendant six mois à compter de sa date avec toutes les précautions nécessaires pour le secret de la correspondance, lequel est inviolable pour les dépêches comme pour les lettres (Loi du 29 novembre 1850, art. 5). Cette minute de la dépêche, écrite, signée et déposée par l'expéditeur fera foi contre lui au même titre qu'une lettre. Seule, elle déterminera les limites dans lesquelles il a entendu s'engager. En cas de désaccord entre le télégramme reçu et l'original, c'est à ce dernier qu'il faudra s'attacher pour déterminer quelle a été la volonté de l'expéditeur.

Autrement dit, de deux chose l'une : ou bien il y a conformité entre la dépêche et la minute, et alors la production du télégramme — ou celle de son original, s'il y a contestation — fera preuve contre l'expéditeur comme le ferait une lettre même, et il y a lieu d'appliquer ici ce qui a déjà été dit au sujet de la preuve qui résulte des lettres missives ; ou bien il n'y a pas conformité, et par suite il n'y a plus d'accord de volontés, partant plus de contrat. Ce point sera développé dans la section suivante où il sera traité des erreurs dans la transmission télégraphique et de leurs conséquences.

SECTION II

SECOND CARACTÈRE DISTINCTIF DU TÉLÉGRAMME. — LA DÉPÊCHE REÇUE PAR LE DESTINATAIRE PEUT NE PAS ÊTRE CONFORME A CELLE ENVOYÉE PAR L'EXPÉDITEUR. — CONSÉQUENCES.

154. — La négligence ou l'incapacité d'un employé peut causer une erreur dans la transmission télégraphique. Quelques exemples empruntés à la jurisprudence en montreront toute l'importance à notre point de vue.

D'abord, il peut y avoir erreur dans la transmission en ce sens que le télégramme peut ne pas être transmis du tout. C'est ce qui s'est produit dans le cas suivant : une dépêche adressée à Melle n'est pas arrivée à destination parce qu'un employé ingénieux, ayant pris le mot *Melle* pour une abréviation de *Marseille*, l'avait expédiée en Provence [1]. L'erreur peut aussi se produire dans le texte même de la dépêche: le télégraphe a quelquefois modifié le chiffre d'une commande que l'expéditeur avait eu l'imprudence de ne pas écrire en toutes lettres [2]. Une erreur très grave peut même résulter quelquefois du simple changement d'une lettre. Un négociant anglais télégraphia un jour à son correspondant de lui envoyer des marchandises par bateau (*by sail*, par voile). Ce dernier reçut une dépêche portant *by rail*, et envoya les marchandises par chemin de fer. Le coût du transport en fut considérablement augmenté [3]. Serafini [4] cite le cas d'une dépêche expédiée d'Italie en Angleterre et dans laquelle la négligence d'un employé français avait substitué le mot « v*ou*drait 2,000 actions » au mot « v*en*drait 2,000 actions ».

Mais le cas le plus célèbre, qui a été l'occasion de longues discussions [5], s'est présenté en Allemagne. Le 4 avril 1856, le tribunal de Cologne a eu à statuer sur l'espèce suivante. La maison de commerce Oppenheimer de Cologne avait télégraphié à Weiler, son

---

[1] Tribunal de commerce de la Seine, 12 décembre 1862; *Le Droit*, 24 décembre 1862.

[2] Tribunal de Charleroi, 24 février 1875; *Journal de Droit international privé*, 1875, p. 309.

[3] A. Robert, *Des contrats par correspondance*, p. 255.

[4] *Op. cit.*, p. 69.

[5] Mittermaier, *Archiv für die civilistische Praxis*, 1863, t. XLVI.

correspondant à Francfort-sur-le-Mein : « Achetez 1,000 actions crédit autrichien jusqu'à 110,000 florins. » Une erreur se produisit dans la transmission et Weiler reçut une dépêche portant, au lieu des mots *Kaufen Sie* (achetez), les mots *Verkaufen Sie* (vendez). Weiler vendit au lieu d'acheter, et il en résulta un préjudice considérable.

155. — Que faut-il décider dans tous ces cas ? D'abord, qu'il n'y a pas de contrat, car il n'y a pas d'accord de volontés. C'est ici le cas d'appliquer l'article 1110 C. civ. *Non videntur consentire qui errant*. C'est ce qui a été jugé par la Cour d'Amiens le 11 mai 1854 (S., 55, 2, 186) dans l'espèce suivante : Pierre donne par dépêche mandat à Paul de vendre un objet désigné pour 165 fr. Le télégramme porte 139. Paul vend pour 140. La Cour d'Amiens annula le marché par application des articles 1109 et 1110 C. civ. M. Paul Pont [1] critique cette décision qu'il trouve injuste pour le tiers sur lequel elle fait retomber le poids d'une erreur dont il est complètement innocent. Mais n'est-il pas encore plus inique d'imposer à quelqu'un l'exécution d'un contrat qu'il n'a pas voulu conclure ? Les auteurs qui voient dans le télégramme reçu par le destinaire l'expression originale de la volonté de l'expéditeur pourraient, il est vrai, en poussant

---

[1] *Petits contrats*, n° 1066.

leur opinion jusqu'à ses extrêmes limites, prétendre que l'expéditeur est engagé par les termes de la dépêche reçue. Mais cette opinion — et c'est ce qui en démontre l'absurdité — se heurte aux principes les plus évidents : pas de consentement, pas de contrat.

Voilà qui est certain. Mais tout n'est pas dit lorsque l'on a démontré qu'il n'y a pas de contrat. L'erreur dans la transmission a pu causer un préjudice indépendamment de la non formation du contrat. Lequel du destinataire ou de l'expéditeur va supporter ce préjudice ? Celui des deux qui en sera la victime aura-t-il un recours soit contre l'État qui exploite les lignes télégraphiques, soit contre les employés qui ont pu causer l'erreur ? Telles sont les questions très délicates qu'il nous faut maintenant examiner.

156. — Première question. — *Lequel de l'expéditeur ou du destinataire supportera le préjudice résultant d'une erreur dans la transmission télégraphique ?*

Il faut d'abord observer, si on veut se former une opinion saine sur cette question très discutée, que l'expéditeur et le destinataire sont également innocents de l'erreur produite. Elle provient, en effet, soit de la négligence ou de l'incapacité d'un employé, soit de l'imperfection de l'appareil ou d'un trouble apporté dans son fonctionnement. Or le raisonnement des auteurs a été en partie celui-ci. Les uns ont dit : il faut faire retomber le préjudice sur le destinataire, parce qu'il est injuste de l'infliger à l'expéditeur qui est innocent. A quoi les autres ont répondu : mais ce destinataire est innocent, par conséquent c'est à l'expéditeur de subir le préjudice. La discussion tourne ainsi dans un cercle vicieux dont il importe de la faire sortir.

Les auteurs qui concluent contre le destinataire reconnaissent bien qu'il n'y a aucune faute de sa part ; mais, disent-ils, il y a là un cas fortuit qu'il doit supporter. Et ils essayent de démontrer que l'expéditeur n'est pas en faute d'avoir choisi le télégraphe. Le télégraphe, disent-ils, est aussi sûr que la poste ou un messager. Le père de famille le plus prudent, l'État lui-même traitent par cette voie des affaires importantes. Les chances d'erreur deviennent de plus en plus rares, étant donnée la perfection toujours croissante des appareils.

Cette opinion a été soutenue en Italie par Serafini[1] qui fait cependant exception dans deux cas : lorsque l'expéditeur a pris expressément les risques à sa charge, et lorsqu'il est en faute (par exemple, quand son écriture est illisible). Mais, sauf ces deux cas, ce serait au destinataire à subir la perte. Cette opinion a

---

[1] *Op. cit.*, chap. VIII.

été reprise en France par M. Hepp[1]. Elle a été consacrée par un certain nombre d'arrêts. Cpr. notamment un jugement du tribunal de commerce d'Anvers, du 20 mars 1876 (*Journal de Droit international privé*, 1876, p. 487).

L'opinion contraire a été consacrée par le jugement du tribunal de Cologne dans l'affaire Weiler contre Oppenheimer dont nous avons déjà parlé, et elle a été suivie par un grand nombre de jurisconsultes allemands. M. de Ihering, dans un article où il édifie une théorie à lui personnelle sur la réparation des dommages dans les contrats nuls et imparfaits, raisonne ainsi : « Celui qui fait exécuter par un autre un acte qu'il devait exécuter lui-même répond de la faute de cette autre personne. » Puis il ajoute : « ' Tout contractant doit manifester lui-même sa propre volonté ; celui qui se sert à cette fin d'une autre personne le fait à ses risques et périls. » Autrement dit : tant pis pour l'expéditeur qui emploie la poste ou le télégraphe ; il n'avait qu'à se transporter chez le destinataire.

Un autre auteur allemand, M. Koch, fait un raisonnement à peu près semblable. L'administration des télégraphes, dit-il, est le mandataire de l'expéditeur. Or, ce dernier est responsable des erreurs commises par

---

[1] *De la correspondance privée, postale et télégraphique*, n° 116.

son mandataire, comme il le serait de celles d'un messager qui, en écrivant l'instruction à lui faite oralement, la reproduirait inexactement. Et cet auteur corrobore son opinion en citant le fait d'un de ses cousins lequel, ayant expédié une dépêche qui avait été infidèlement transmise, avait pris de son propre mouvement la perte à son compte.

On a fait aussi observer à l'appui de ce système qu'en offrant à l'expéditeur le collationnement [1], la loi a mis à sa disposition un moyen de savoir presque aussitôt si son télégramme avait été régulièrement transmis et la possibilité de le rectifier, au cas contraire. C'est une précaution, dit-on, qu'il est en faute de n'avoir pas prise, surtout s'il s'agissait d'une affaire importante.

Ces arguments ne nous paraissent pas très solides. En fait, le collationnement est peu demandé, et nous essayerons plus loin (n°ˢ 157 et 158) de démontrer que ce n'est point un contrat de mandat qui intervient entre l'expéditeur et l'administration. La véritable raison pour faire supporter le préjudice à l'expéditeur ne serait-elle pas qu'en bonne justice la perte résultant de l'emploi du télégraphe doit retomber sur celui qui a choisi ce moyen de communication ? Suivant les circonstances, ce raisonnement aboutit à faire

---

[1] Décret du 16 avril 1881, art. 20.

retomber la perte, quelquefois sur le destinataire, le plus souvent sur l'expéditeur. Il semble avoir particulièrement impressionné la jurisprudence. Cpr. en ce sens un jugement du tribunal de commerce de la Seine, du 28 mai 1856 et un arrêt de la Cour de Paris du mois de mai 1858 (Dall., *Rep.*, v° *Télégraphie*, n° 89), ainsi qu'un jugement déjà cité du tribunal de Charleroi, du 22 février 1875 (*Journal de Droit international privé*, 1875, p. 309). Voir également un jugement du tribunal de commerce de Marseille, du 11 avril 1866 (*Rec. de Marseille*, 1866, 1, 167).

157. — SECONDE QUESTION. — *La victime du préjudice a-t-elle un recours contre l'administration?*

Cette question doit être considérée à deux points de vue bien distincts : il y a lieu d'examiner successivement les principes généraux du Droit et les textes législatifs qui régissent la matière.

En l'absence de textes spéciaux, le Droit commun accorderait un recours à la personne victime d'une erreur dans la transmission télégraphique (expéditeur ou destinataire, suivant le système adopté) contre celui qui exploite le réseau télégraphique, sans qu'il y ait lieu de distinguer suivant que ce réseau appartient à l'État, comme en France, ou à des compagnies privées, comme aux États-Unis. Cela résulte directement de la nature du contrat intervenu entre l'expéditeur et l'administration ou la compagnie qui se charge de transmettre la dépêche.

Comment faut-il donc qualifier ce contrat synallagmatique par lequel une des parties s'engage, moyennant le paiement d'une certaine somme, à transmettre mot pour mot à une certaine distance la pensée que l'autre a exprimée par écrit? Les auteurs ne sont pas d'accord sur ce point. Le jurisconsulte italien Panattoni a dit : l'administration est un *courtier*, Bosellini a écrit que le télégraphiste était un *interprète*. D'autres (Buchs, Mittermaier) ont dit : c'est un *messager*. Mais ces opinions sont peu suivies. Ce sont là en effet des contrats trop limités, trop spéciaux pour que l'on puisse y faire rentrer l'opération accomplie par le télégraphiste.

On dit plus généralement : l'administration est le *mandataire* de l'expéditeur, et son obligation est limitée par les articles 1991 et 1992 C. civ. Cette opinion, ajoute-t-on, est conforme à la tradition. Ulpien disait déjà en Droit romain : *Eum quoque procuratorem esse qui ad rem unam datus sit... sicuti is qui litteram perferendam suscepit* (L. 1, § 1, D., *de procurat.*, III, 3).

Cette opinion nous semble inexacte pour trois raisons :

D'abord, à la différence du mandataire qui représente le mandant, l'administration ne représente pas l'expéditeur.

En second lieu, le mandat est de sa nature gratuit (C. civ., 1986) et l'administration touche un salaire.

Enfin, le mandat — et c'est par là qu'il se distingue du louage d'ouvrage — a nécessairement pour objet un *acte juridique* à accomplir, et non un service quelconque[1]. Or, l'employé qui transmet une dépêche n'accomplit pas un acte juridique.

Quelle sera donc notre solution?

158. — Nous pensons avec Serafini qu'il y a là ce que notre Code civil appelle un *louage d'ouvrage*. Nous sommes bien, en effet, en présence d'un contrat « par lequel l'une des parties s'engage à faire quelque chose pour l'autre moyennant un prix convenu entre elles » (C. civ., 1710).

On a objecté, il est vrai, qu'il y a certains travaux qui, bien que salariés, ne font pas perdre à celui qui les fait la qualité de mandataire. L'art du télégraphiste, dit-on, est un art libéral.

Pour nous, nous avouons n'avoir jamais bien compris la valeur scientifique de cette distinction, issue d'un vieux préjugé du Droit romain où les nourrices, considérées comme mandataires (L. 1, § 14 D., *de*

---

[1] Aubry et Rau, § 410, t. IV, p. 634.

Extraord. cogn., IV, 13), étaient censées comme telles
exercer un art plus relevé que le peintre traité comme
travailleur manuel (L. 5, § 2, D., *de Præscirptis verbis*, XIX, 5). Dans un article publié dans le *Journal
des économistes* [1], M. Renouard a un jour réduit à sa
juste valeur cette distinction antiéconomique, et nous
nous nous refuserons à la ressusciter à propos de l'administration des télégraphes.

Faut-il maintenant spécifier davantage ? L'article 1779 C. civ. indique trois espèces principales de
louage d'ouvrage. Serafini fait rentrer notre contrat
sous le 2° de cet article, et dit qu'il y a là une entre-
prise de transport; et voilà l'administration assimilée
à un voiturier. Si cela était, il y aurait lieu d'appliquer les articles 1782 à 1786 C. civ. Adoptant cette
opinion, il faudrait également décider qu'étant donnée
une dépêche envoyée de France en Italie, l'administration française répond de la faute commise par
l'administration italienne, comme le commission-
naire répond du voiturier qu'il emploie. Mais nous
n'irons pas jusque-là. Somme toute, l'administration
du télégraphe ne transporte rien, et il n'est pas nécessaire de faire entrer le contrat passé entre l'expéditeur
et l'administration dans une des trois catégories de
louage d'ouvrage énumérées par l'article 1779, puisque

---

[1] Deuxième série, tome I, janvier-mars, 1854, p. 161.

cet article n'est pas limitatif (argument des mots : trois espèces *principales*).

Nous dirons donc simplement, et sans essayer de préciser davantage, qu'il y a là un louage de services, un contrat rentrant dans ce que l'article 1709 C. civ. appelle un louage d'ouvrage. Il y aurait donc lieu de décider en conséquence que l'État est responsable de la mauvaise exécution du travail qu'il a entrepris, et qu'il doit exister contre lui un recours lorsqu'il y a préjudice causé par l'altération ou la perte des dépêches; il pourrait seulement exciper de la force majeure provenant des perturbations atmosphériques ou d'un accident quelconque[1].

Tel est le résultat auquel conduirait l'application des principes généraux.

159. — Mais, en tête des dépêches remises aux particuliers par l'administration, se trouvent imprimés les mots suivants :

« *L'État n'est soumis à aucune responsabilité à* « *raison du service de la correspondance privée* « *par la voie télégraphique* (Loi du 29 novembre « 1850, art. 6). »

En présence d'un texte aussi formel, il ne reste plus au jurisconsulte qu'à proclamer l'irresponsabilité complète et absolue de l'État.

---

[1] Cpr Darquer, *Des contrats par correspondance*, p. 113.

Un texte semblable existe dans presque tous les pays où l'État a le monopole de l'exploitation des lignes télégraphiques. Serafini rapporte qu'en Italie, le règlement sur l'administration télégraphique, article 31, porte que l'État n'assume aucune responsabilité (*ma non assume responsabilita alcuna d'indemnizo od altro*). De même, la convention de Saint-Pétersbourg du 10 juillet 1875[1] porte dans son article 3 : « Les « Hautes Parties Contractantes déclarent n'accepter à « raison du service de la télégraphie internationale, « aucune responsabilité. » Il n'y a guère, croyons-nous, que le États-Unis où, l'exploitation des lignes télégraphiques appartenant à des compagnies privées, la clause de non-responsabilité n'existe pas. Mais ces compagnies ont imaginé d'écrire sur leurs télégrammes la clause suivante : « La compagnie accepte de trans- « mettre la dépêche à moitié prix à la condition « d'être déchargée de toute responsabilité. » La validité de cette clause est très discutée, et la jurisprudence américaine l'a plus d'une fois annulée comme contraire à l'ordre public[2].

Revenant à la législation française, on peut constater que l'irresponsabilité de l'État a encore été accrue autant qu'elle pouvait l'être par un décret du 16 avril

---

[1] Approuvée en France par une loi du 9 décembre 1875 et promulguée par décret du 24 juin 1876 (*Journal officiel* du 25 juin 1876)

[2] *Journal de Droit international privé*, 1875, p. 394.

16

1878. Jusqu'à cette époque, en effet, en vertu de l'article 25 du décret du 17 juin 1852, la somme payée pour la transmission d'une dépêche télégraphique était remboursée à l'expéditeur quand la dépêche avait été remise tardivement au destinataire ou quand son texte avait été altéré par des fautes la rendant impropre à remplir l'objet pour lequel elle avait été expédiée (Cpr décret du 8 mai 1867, art. 31). Mais aujourd'hui, l'expéditeur n'est même plus remboursé de la somme modique qu'il a versée. En effet, l'article 3 du décret du 16 avril 1878 porte : « Les télé-« grammes collationnés ou recommandés pourront seuls « à l'avenir donner lieu à remboursement dans les con-« ditions prévues par l'article 31 du décret du 8 mai « 1867 », et cette disposition a été implicitement maintenue par le décret du 16 avril 1881 sur la correspondance télégraphique intérieure (art. 30). Or, comme pour le collationnement il faut payer 1/2 en sus (D. 16 avril 1881, art. 20), il en résulte qu'il y a dans cette disposition quelque chose d'analogue à la clause usitée par les compagnies américaines. Mais il faut remarquer que la disposition de la loi française est beaucoup plus exhorbitante. En effet, aux États-Unis, moyennant le paiement d'une double taxe, la compagnie s'engage à payer, s'il y a lieu, une indemnité qui n'a d'autre limite que l'étendue du préjudice causé ; en France, au contraire, moyennant le paiement de 1/2 en sus, l'administration s'engage simplement à rembourser à l'expéditeur la somme très minime qu'il a déboursée pour la transmission du télégramme.

160. — Cette disposition de notre loi qui déclare l'État irresponsable en matière de transmission télégraphique a été condamnée par presque tous les jurisconsultes. On a fait remarquer qu'elle était d'autant plus inique que l'État reçoit un salaire qui est la contre-partie du service rendu, et qu'il a le monopole de l'exploitation des lignes télégraphiques. Lors de la discussion de la loi de 1850, un député, M. Savoye, avait déposé un amendement[1] ainsi conçu : « L'État garantit l'exactitude dans la transmission des dépêches qui lui sont confiées. » Cet amendement, présenté seulement en troisième lecture, fut repoussé. Cependant les arguments invoqués en sens contraire ne valaient pas grand'chose. Dans l'exposé des motifs du projet de loi sur la correspondance télégraphique privée, M. Ferdinand Barrot, alors ministre de l'Intérieur, pour justifier la disposition de l'article 6, avait exclusivement insisté sur « le danger évident « qu'il y aurait à ne point mettre l'État à l'abri d'une « responsabilité pécuniaire qu'il encourrait en regard « d'une modique taxe, responsabilité qui pourrait « avoir de graves conséquences pour le Trésor

---

[1] *Moniteur* du 28 novembre 1850, séance du 27, p. 3389.

« public [1]. » Cet argument, uniquement puisé dans des considérations fiscales, est évidemment insuffisant. Aussi les auteurs n'ont-ils pas manqué de s'élever contre « ce droit exhorbitant et privilégié auquel fait place le Droit commun lorsque les intérêts du fisc sont en cause. »

Mais les critiques qui se sont produites à ce sujet nous paraissent exagérées. Au point de vue historique, d'abord, il ne faut pas oublier que la télégraphie électrique existait en France avant 1850. En mettant à la disposition du public un réseau télégraphique qui avait été construit pour l'usage exclusif du Gouvernement, l'État faisait aux particuliers une concession toute gracieuse à laquelle il était bien libre apparemment de mettre toutes les conditions que la prudence lui paraissait commander ; et c'est ce qu'il n'a pas manqué de faire (n° 146). L'imperfection des appareils à une époque où la télégraphie électrique existait en France depuis moins de dix ans, était bien de nature à justifier l'irresponsabilité proposée. Un particulier, d'ailleurs, est bien libre, lorsqu'il contracte, de restreindre la responsabilité qui lui incomberait de Droit commun. Une seule limite est apportée à cette faculté : il ne peut pas convenir qu'il ne répondra pas de son dol. *Illud solum non*

---

[1] *Moniteur* du 5 mars 1850, p. 767.

effici posse ne dolus prestetur. Or, ce qui est permis à un individu doit être permis à l'État louant ses services, contractant d'après le Droit commun ; et c'est du libéralisme à rebours que de prétendre traiter l'État plus sévèrement qu'un simple particulier. D'ailleurs, la responsabilité de l'État, si l'article 6 de la loi du 29 novembre 1850 était abrogé, entraînerait comme conséquence logique un relèvement de taxe. On peut demander au public ce qu'il en penserait. Il n'est guère douteux que ses préférences ne soient pour le maintien du *statu quo.*

La seule réforme désirable serait, croyons-nous, de permettre à l'expéditeur d'un télégramme qui peut avoir de graves conséquences au point de vue de sa fortune de s'assurer la responsabilité complète de l'État en payant une taxe plus élevée. Moyennant le paiement d'une taxe supplémentaire, l'État prendrait à sa charge et les fautes de son administration et les cas fortuits. Il y aurait là une combinaison doublement avantageuse pour le public : d'abord, parce que le prix des télégrammes ordinaires ne serait pas majoré, et ensuite parce qu'elle permettrait à l'expéditeur d'un télégramme important de s'assurer une sécurité complète, plus grande même que celle qui résulterait de la responsabilité de droit commun. Cette faculté laissée au public serait de nature à faire disparaître tout sujet légitime de plainte.

161. — TROISIÈME QUESTION. — *La victime du préjudice a-t-elle un recours contre les employés du télégraphe?*

Des termes de l'article 6 de la loi de 1850 qui proclame l'irresponsabilité complète de l'État, il résulte :

1° Que l'administration ne saurait être poursuivie comme civilement responsable des dommages causés par les fautes ou les délits des agents du service télégraphique en vertu de l'article 1384. Civ. La généralité des termes de cet article 6 ne laisse place, en effet, à aucun recours quel que soit son fondement ;

2° Mais il résulte aussi que cette irresponsabilité, qui met l'État complètement à couvert, ne s'applique qu'à lui. Les motifs qui ont fait établir l'article 6 disparaissant lorsque la poursuite est exercée contre les employés, ceux-ci ne sauraient évidemment invoquer une immunité dont l'administration peut seule se prévaloir. L'irresponsabilité de l'État est une dérogation au droit commun ; elle doit être entendue restrictivement.

La victime du préjudice a donc un recours contre les employés. C'est en vain que ceux-ci se prétendraient couverts par l'administration qui les emploie, et allégueraient que, n'étant tenus par aucun lien contractuel envers l'expéditeur, ils ne sont aucunement obligés envers lui. Leur responsabilité est, en effet, non pas contractuelle, mais délictuelle. Ils sont tenus en vertu de l'article 1382 C. civ. S'il est vrai qu'ils ne sont responsables qu'envers l'administration des fautes commises dans leur service, ils n'en sont pas moins tenus de réparer le préjudice qu'ils ont pu causer à autrui par la même occasion. La jurisprudence est constante en ce sens (V. plus loin, n° 162).

162. — Quant à la juridiction compétente pour connaître d'une action dirigée contre un employé de l'administration, c'est, à notre avis, le tribunal de droit commun de l'ordre judiciaire. Si l'action était dirigée contre l'administration elle-même, la juridiction administrative serait au contraire compétente.

Je m'explique. Un particulier dépose au guichet du télégraphe une dépêche qui n'arrive pas à destination. Il intente un procès à l'administration. Sans aucun doute, il le perdra, étant donné le texte absolument formel de la loi. Mais on ne peut pas lui refuser la satisfaction de plaider. Eh bien ! s'il tient à intenter un procès, il devra agir devant la juridiction administrative. En vain objecterait-on que, dans l'exploitation industrielle des lignes télégraphiques, il importe de distinguer l'administrateur qui doit être protégé contre tout empiètement judiciaire, et l'industriel qui doit être traité purement et simplement d'après le Droit commun. Cette « distinction subtile » entre l'État personne publique et l'État personne privée ne saurait prévaloir contre ce principe constant de notre Droit administratif : que *c'est à l'autorité administrative seule qu'il appartient de constituer l'État débiteur*, toutes les fois du moins qu'une disposition législative expresse n'est pas venue déroger à ce principe, ce qui n'est pas ici le cas.[1] (Arrêt de la commission faisant fonction de Conseil d'État du 20 janvier 1871 ; D., 71, 3, 25).

Mais, s'agissant d'une action en responsabilité dirigée exclusivement contre un employé à raison d'un quasi-délit civil à lui imputable, et sans que la responsabilité de l'État soit engagée dans le procès, l'autorité judiciaire deviendrait compétente[2]. C'est par application de ces principes que, le 1er juillet 1885, le tribunal des conflits a déclaré l'autorité judiciaire seule compétente pour connaître de l'action formée contre un receveur des télégraphes à raison du préjudice résultant pour le demandeur de la transcription inexacte d'une dépêche (S., 87, 3, 23). Ce tribunal n'a d'ailleurs fait sur ce point que confirmer sa jurisprudence antérieure ; le 7 juin 1873, il avait en effet confirmé un jugement du tribunal de Nevers du 14 mars de la même année (D., 74, 3, 4) par lequel ce tribunal s'était

---

[1] Ducrocq, *Cours de Droit administratif* (6e édition) nos 905, 1056, 1057 et 1058, t. II, p. 104, 226 et 227.

[2] Ducrocq, *op. cit.*, no 1058, t. II, p. 228.

reconnu compétent dans une affaire de ce genre. Il s'agissait d'une action intentée par un particulier contre les employés du bureau de destination qui, dans une rixe, avaient tout bouleversé dans le bureau qu'ils avaient abandonné sans faire procéder à la distribution des dépêches parvenues.

Le tribunal de Nevers, devant lequel l'affaire revint à la suite du jugement du tribunal des conflits, donna gain de cause au plaignant (30 août 1873) et son jugement fut confirmé par la Cour de Bourges (6 mai 1874) et par la Cour de cassation (3 janvier; 1876; D., 1876, 1, 232). Nous ne pouvons nous empêcher de transcrire quelques-uns des considérants de ce jugement, parce que, dans toute cette affaire, ce tribunal nous paraît avoir appliqué très exactement les principes :

« Considérant... que s'il est vrai que l'immunité de
« l'État est absolue en ce qui concerne le service télé-
« graphique, et s'il est vrai même que ses agents
« profitent dans une certaine mesure de cette immu-
« nité, il n'en est pas moins vrai qu'à leur égard cette
« immunité n'est pas absolue ; qu'en effet, s'il est vrai
« qu'ils doivent être protégés dans l'exercice de leurs
« fonctions pour les faits de service, si on ne peut
« leur demander compte de leurs erreurs et des
« irrégularités résultant de l'imperfection de la télé-
« graphie électrique et si à cet égard ils sont irres-
« ponsables, ils ne peuvent pas cependant se réfu-

« gier derrière cette irresponsabilité lorsque, par
« suite de leur fait personnel et de leur faute, ils ont
« causé préjudice à autrui : que dans ce cas ils ne
« peuvent pas invoquer leur irresponsabilité, alors
« même que leur fait constituerait à la fois une infrac-
« tion aux règlements de l'administration et une faute
« portant préjudice à autrui.... » Voilà de la bonne
jurisprudence. En fixant cette distinction entre les
fautes de service et les délits ou quasi-délits civils,
elle vient à l'appui de ce que nous avons dit plus haut
(n° 161) de la responsabilité des employés. Nous n'a-
vons pas voulu séparer ce jugement de la décision
rendue dans la même affaire par le tribunal de Nevers
en matière de compétence. Sur un point comme sur
l'autre, il nous semble avoir bien jugé.

<hr>

CHAPITRE VII

DE LA CORRESPONDANCE TÉLÉPHONIQUE

163. — A côté de la correspondance écrite, les
progrès de la science moderne ont fait naître un nouveau moyen de communiquer entre absents : c'est le
téléphone dont l'usage se répand de plus en plus. Au-

jourd'hui, presque toutes les grandes villes du monde
ont leur réseau téléphonique. C'est là une innovation
qui, au point de vue juridique, ne pouvait pas manquer de faire naître certaines difficultés. Elles ont été
notamment étudiées en Italie par M. Cesare Norsa
dans une brochure intitulée : *Il telefono e la legge*,
et en France par M. Georges Vidal, agrégé à la Faculté de droit de Toulouse, qui a écrit, sur *Le télé-*
phone au point de vue juridique, un travail publié
dans le *Recueil de l'Académie de législation de Tou-*
louse (t. XXXIII, p. 228-376).

Parmi ces difficultés, il en est dont l'examen ne
saurait trouver aucune place ici. C'est ainsi, par
exemple, que nous n'avons point à discuter les mérites
comparatifs des différents modes d'exploitation des
lignes téléphoniques, à examiner laquelle est préférable de l'exploitation directe par l'État comme en
Allemagne, de l'exploitation par des compagnies privées comme aux États-Unis, ou de l'exploitation par
une compagnie concessionnaire sous la surveillance
de l'État comme cela avait lieu naguère en France.
Il n'y a point lieu ici non plus d'examiner les difficultés délicates que soulève l'établissement des lignes
téléphoniques sur les propriétés privées [1]. Mais le
téléphone peut servir à former des contrats, et, à ce

---

[1] V. Loi du 28 juillet 1885.

point de vue, il est nécessaire de l'étudier à cette place.

164. — On a dit, il est vrai, que le contrat formé par téléphone n'était point, à proprement parler, conclu entre absents. La situation est la même, dit-on, que si les contractants s'entretenaient de deux chambres contiguës à travers une cloison et sans se voir [1]. Par suite, il n'y a pas lieu, dans un travail sur les contrats par correspondance, de consacrer une étude spéciale au téléphone.

Mais cette observation n'est exacte qu'en partie. Sans doute, un des deux caractères distinctifs des correspondances entre absents manque lorsque deux personnes conversent par téléphone : c'est le *tractus temporis*. Entre l'offre et la réponse, il ne s'écoule pas un laps de temps appréciable, et, à ce point de vue, la convention conclue par téléphone se rapproche du contrat entre présents. C'est là une supériorité sur le télégraphe. « Le téléphone, dit M. Vidal [2], a tout l'avantage d'une conversation, supprime toutes distances, et rend présentes l'une à l'autre par l'ouïe deux personnes éloignées, enfin offre sur une simple et froide communication écrite qui ne permet ni explication ni discussion rapide, l'avantage d'une conversation vivante et animée avec tous ses développements,

---

[1] Darquer, *Des contrats par correspondance*, p. 11.
[2] *Recueil de l'Académie de législation de Toulouse*, t. XXXIII, p. 230.

ses interruptions, ses objections, ses réponses, sa discussion ininterrompue et sa conclusion rapide. » La correspondance téléphonique est donc une véritable conversation. Par suite, les difficultés que soulèvent le silence ou la rétractation de l'une des parties ne se présentent pas ici. Le point de savoir à quel moment se place la perfection du contrat ne fait de même aucun doute puisque l'offre et la réponse se succèdent instantanément.

Mais c'est une conversation à distance ; et là reparaît le second caractère de la correspondance entre absents : l'éloignement matériel. Par suite, le point de savoir où est formé le contrat conserve tout son intérêt, non seulement quant au tribunal compétent, mais encore quant au conflit possible de législations. Le téléphone, en effet, ne fonctionne pas seulement dans l'intérieur d'une même ville, ni même dans l'intérieur d'un même pays. Ainsi, on peut correspondre aujourd'hui par téléphone entre Paris et Bruxelles [1]. Par suite, un conflit de législation est possible entre la loi française et la loi belge.

165. — Quel lieu faut-il donc assigner à la formation du contrat ? Les uns ont assimilé complètement la convention conclue par téléphone à un contrat entre

----

[1] V. Convention du 1er décembre 1886, promulguée en France par décret du 28 décembre 1886.

présents[1]. Les autres l'ont traité exclusivement comme un contrat entre absents[2]. Mais il faut rejeter ces deux opinions extrêmes qui vont également contre la nature des choses : ces assimilations en sens inverse sont également forcées.

D'après M. Norsa, le contrat par téléphone n'est ni un contrat entre présents ni un contrat entre absents. C'est une convention d'une nature toute nouvelle qui, n'étant ni prévue ni réglée par la loi, doit être appréciée par le juge d'après l'équité naturelle.

Opinion détestable. D'abord, de ce que le contrat téléphonique n'est pas prévu par la loi, il n'en résulte pas que le juge jouisse d'un pouvoir illimité d'appréciation. Les contrats par lettre ou par télégramme, eux non plus, ne sont point explicitement prévus par notre Code civil. Personne n'admet cependant que le juge n'ait, pour en déterminer les effets, d'autre règle que l'équité naturelle. De l'avis unanime des jurisconsultes, son pouvoir se borne à appliquer les principes généraux posés par notre Code en matière de contrats. Il n'y a pas de raison pour décider autrement dans le cas où la convention est formée par téléphone. L'opinion de M. Norsa abandonne à l'arbitraire du juge et traite comme une question de fait ce qui est, avant tout, une question de Droit.

[1] Gabba, *Moniteur des tribunaux de Milan*, 1882, n° 41.
[2] Vidari, *eod.*, n° 43.

Au lieu de dire que le contrat par téléphone n'est conclu ni *inter præsentes* ni *inter absentes*, il est au contraire bien plus exact de décider qu'il est à la fois formé et *inter præsentes* et *inter absentes*. Au point de vue de la détermination du *moment* où il intervient, il doit être traité comme un contrat entre présents parce que l'offre et l'acceptation se succèdent presque sans aucun intervalle. Au point de vue de la fixation du *lieu* où il est passé, au contraire, le contrat par téléphone est un véritable contrat entre absents, puisqu'il y a éloignement matériel des contractants. Il faut appliquer ici les règles qui régissent les contrats entre absents. Dans la théorie de l'agnition à laquelle nous nous sommes rallié, il faut dire que le lieu de la conclusion définitive du contrat est celui où l'acceptant a prononcé sa réponse.

Il y a d'ailleurs une raison particulière de décider dans le cas où la convention est formée par téléphone. Celui qui a répondu *oui* par téléphone n'a en effet aucun moyen de faire parvenir au pollicitant une rétractation de son consentement avant ou en même temps que l'acceptation. Par suite, tous les arguments que l'on a tirés en faveur du système de l'information de la nécessité de permettre à l'acceptant de retirer son consentement tant que son acceptation n'est pas connue du pollicitant, n'ont plus ici de raison d'être et perdent toute leur force.

166. — En fait, d'ailleurs, la conclusion d'un contrat par téléphone est particulièrement dangereuse, et, si l'une des parties est de mauvaise foi, elle pourra créer à l'autre de nombreuses difficultés:

D'abord, une erreur sur l'identité de la personne est ici particulièrement facile à commettre, d'autant plus que le son perçu par l'oreille de l'auditeur a subi une légère altération pendant sa transmission. Il est très commode à celui qui use d'un appareil téléphonique de se faire passer pour un autre, et la tentation ains offerte à la mauvaise foi est d'autant plus grande que la preuve de cette fraude est particulièrement difficile, et qu'aucun texte du Code pénal ne prévoit ce cas. L'article 150 C. pén. qui prévoit le faux en écriture privée, punit de la réclusion celui qui a fabriqué une lettre faussement signée d'un autre nom dans le but de préjudicier à autrui. La jurisprudence applique même la peine du faux en écriture publique à celui qui a fabriqué de fausses dépêches télégraphiques (Cass. 6 juillet 1867 ; S., 68, 1, 93). Seul, celui qui, abusant d'un appareil téléphonique, tient une conversation qu'il prête à autrui, reste impuni, si coupable que soit son action au point de vue moral, si grave que soit le préjudice causé au point de vue matériel. Sous ce rapport, il y a dans notre législation pénale. une lacune qu'il est urgent de faire disparaître.

Quoiqu'il en soit, le faux ainsi commis dans une

communication téléphonique n'est pas punissable dans l'état actuel de notre droit, n'étant pas un faux *en écriture*. La victime du préjudice a simplement une action en dommages-intérêts contre son interlocuteur. Quant à l'influence que peut avoir cette erreur dans l'identité de la personne sur la formation du contrat, il y a lieu simplement d'appliquer ici la règle de droit commun écrite dans l'article 1110 C. civ.

167. — Cette absence d'écriture qui caractérise la correspondance téléphonique fait également naître des difficultés particulières quant à la preuve et à la transcription du contrat.

La preuve d'abord sera très difficile. Les contractants n'ont entre les mains aucune arme l'un contre l'autre. Pas de preuve écrite, et, de plus, quand même on établirait que les deux parties ont correspondu par téléphone à un moment donné, cette preuve serait absolument irrelevante, car rien ne prouve qu'elles se soient accordées. Ce qu'il faudrait établir, c'est non pas qu'une conversation a été tenue, mais quelle conversation a été tenue. Peut-être cela sera-t-il facile un jour grâce à l'application du phonographe à la conversation téléphonique ; mais aujourd'hui, la correspondance téléphonique est aussi difficile à prouver que des paroles échangées sans témoins.

17

168. — Enfin, un contrat conclu par téléphone peut être un de ceux qui ont besoin d'être transcrits pour devenir opposable aux tiers. Comment pourra s'opérer cette transcription? La difficulté est ici plus grande qu'en matière de correspondance postale ou télégraphique, car celui qui veut requérir la transcription ne peut présenter au conservateur des hypothèques aucun titre émané directement ou indirectement de l'autre partie. Doit-on l'admettre à faire transcrire un bordereau signé de sa propre main et contenant toutes les indications que les tiers ont intérêt à connaître? La difficulté est ici la même que dans le cas d'un contrat purement verbal.

Or, beaucoup d'auteurs, tout en admettant la possibilité de transcrire une vente par correspondance, refuse à l'acheteur le droit de faire transcrire une vente purement verbale [1]. Leur raisonnement s'appuie principalement sur les articles 1, n° 3, et 2, n° 3, de la loi du 23 mars 1855 qui exigent la transcription de « *tout jugement déclarant l'existence d'une convention verbale* de la nature ci-dessus exprimée ». Puisque la loi exige la transcription du jugement, dit-on, on ne peut y substituer une déclaration purement affirmative de la partie qui a intérêt à la transcription.

---

[1] Flandin, *De la transcription*, n° 76 et suiv.

Cet argument n'a cependant pas arrêté M. Mourlon [1]
qui admet la transcription d'une vente verbale. Son
opinion nous paraît à la fois conforme à la logique et
à l'utilité pratique ; mais, peut-être, dans l'état actuel
de notre législation, est-elle un peu audacieuse. Dans
tous les cas, elle est peu suivie.

[1] *Traité de la transcription*, n° 26, t. I, p. 45 et suiv.

APPENDICE

COMPARAISON DU CONTRAT PAR CORRESPONDANCE
AVEC LE CONTRAT PAR MESSAGER ET LE CONTRAT
PAR MANDATAIRE

169. — Les différents modes de correspondre que
nous venons d'étudier ne sont pas les seuls moyens
offerts à deux ou plusieurs personnes éloignées pour
faire naître entre elles un contrat. Elles peuvent se
communiquer leur consentement soit par messager,
soit par mandataire. Ces deux nouvelles manières de
faire naître un contrat entre absents soulèvent certaines difficultés analogues à celles que nous avons
étudiées. Aussi, et bien que ce ne soit plus là de la
correspondance au sens strict du mot, il nous faut en
parler quelque peu. Cela nous fournira l'occasion de
quelques rapprochements intéressants.

170. — CONTRAT PAR MESSAGER. — Le messager
(*nuncius*) est véritablement une lettre parlante. Sa
mémoire joue le même rôle que l'écriture. Il n'est
qu'un instrument purement passif, sans pouvoirs

propres, et ne peut pas débattre les conditions du contrat. Sa mission se borne à faire connaître la volonté de celui qui l'envoie.

Le contrat par messager pouvait être assez usité à une époque où l'écriture était peu connue. Mais, dès que l'usage en a été répandu, ce porteur de paroles a dû se transformer très rapidement en un porteur de lettres. L'écriture est, en effet, plus fidèle que la mémoire de l'homme et transmet plus sûrement la volonté des contractants. Aujourd'hui, il est très rare que deux personnes éloignées contractent par messager.

Tous les contrats, sauf les contrats solennels, peuvent se former par messager. La question est la même que pour la correspondance proprement dite. S'agit-il d'un contrat sujet à transcription ? Même difficulté qu'au cas de convention purement verbale, et il n'y a qu'à se reporter à ce qui a été déjà dit au sujet du contrat par téléphone (n° 168). Sur le moment et le lieu de la formation du contrat, il s'élève une controverse identique à celle qui a déjà été discutée au chapitre II. Le contrat, d'après le système de l'expédition, sera parfait au moment et au lieu où l'acceptant aura annoncé son consentement au messager. Sur la révocation, rien de spécial ici, et il n'y a qu'à se référer à ce qui a été dit plus haut.

Les règles générales aux contrats par correspondance sont donc, en résumé, applicables au contrat par messager. Cela tient à ce que le *nuncius* joue le rôle purement passif d'une lettre ; c'est, nous le répétons, une *lettre parlante*. Mais il ne faut pas oublier que cette lettre est en même temps un homme ; de là deux conséquences :

a) Si une difficulté s'élève entre les contractants, le témoignage du messager prouvera le contrat, dans les cas où la preuve testimoniale est admissible. Au lieu d'une preuve écrite, nous rencontrons ici une preuve par témoin.

b) Si un messager de mauvaise foi ou dont la mémoire est infidèle fait mal la communication dont il est chargé, ou même ne la fait pas du tout, celui qui l'aura choisi pourra recourir contre lui et lui réclamer des dommages-intérêts représentant le préjudice causé.

171. — CONTRAT PAR MANDATAIRE. — En vertu du principe moderne d'après lequel le mandataire représente le mandant, le contrat formé par l'intermédiaire d'un mandataire naît aujourd'hui directement entre absents. Celui-ci n'est jamais obligé dans les liens du contrat qu'il est chargé de faire naître. Les effets de ce contrat se produisent directement entre ceux qui doivent être obligés en définitive.

Ainsi, dès que le contrat est formé il n'y a plus aucun compte à tenir du mandataire, s'agissant de déterminer entre quelles personnes le contrat est formé, entre qui il produit ses effets.

Mais il ne faudrait pas conclure de là, en poussant ce raisonnement à l'extrême, que le mandataire s'efface dès qu'il a parlé, et qu'il n'est comme le messager qu'une lettre parlante, ce qui conduirait à décider que tout doit ici se passer comme pour les contrats par correspondance. Ce serait là une erreur grossière. Le rôle du mandataire est essentiellement actif. A la condition de ne pas excéder les limites de sa procuration, le mandataire fait le contrat à sa guise ; il en discute les conditions. S'il est habile, il pourra arriver à faire un marché plus avantageux que celui qu'il avait mission et pouvoir de passer. C'est comme si le mandant s'était transporté lui-même au domicile de l'autre partie pour traiter avec elle. Par conséquent, le contrat se forme *là* où le mandataire traite l'affaire, et *quand* il la conclue définitivement [1]. Tout se passe comme dans un contrat entre présents. Les contrats solennels eux-mêmes peuvent se former par mandataire pourvu que la procuration donnée soit authentique. Aucune des difficultés particulières aux contrats par correspondance ne se présentent ici.

Il n'y a même pas lieu de faire exception pour le cas où le mandataire n'ayant pas été muni de pleins

---

[1] Surville et Arthuys, *Cours élémentaire de Droit international privé*, n° 233.

pouvoirs, les recevrait ensuite une fois le contrat passé. Cette approbation postérieure des actes de l'intermédiaire est une ratification qui doit avoir entre les parties un effet rétroactif au jour du contrat. La volonté du *dominus* qui ratifie est en effet d'accepter le contrat avec toutes ses conséquences, tel qu'il a été fait *ab initio*. Par sa ratification, il s'approprie ce qui a été fait, et la volonté des parties est que tout doit se passer en définitive comme si la procuration était antérieure au contrat. Il en résulte notamment que le contrat se forme là où le mandataire a traité et non là où a lieu la ratification. Dans ce cas encore, nous évitons les difficultés spéciales aux contrats par correspondance.

TABLE DES MATIÈRES

SECONDE PARTIE

DIFFICULTÉS SPÉCIALES A CHAQUE MODE DE CORRESPONDRE

APPENDICE

Tours, imp. Deslis Frères, rue Gambetta, 6.